Lindy Smith

Lindys Minicakes

cake & bake
Verlagsgesellschaft

www.cakeandbake.company

Inhaltsverzeichnis

Einleitung 4
Thema Minicakes 7

Die Projekte

Vintage

Zeitlose Taschenuhr 8
Kleine Strandhäuschen.............................. 16
Omas Garnrollen................................... 24
Rund um die Shetland-Inseln 32

Meilensteine

Zur Siegerehrung 40
Glanzvoller Abschluss 48
Trautes Heim 56
Ganz in Weiß 64

Kindheit

Teddy aus der Box 72
Mit Liebe gefüllt 80
Die Farben des Regenbogens 86

Design

Magischer Herbst 94
Leidenschaft für Paisley 102
Zauberhafte Ringelblumen 108
Glanz und Glitter 116

Grundlagen 124
Über die Autorin 141
Danksagung 141
Bezugsquellen 142
Stichwortverzeichnis 143

Vintage

Meilensteine

Kindheit

Design

Einleitung

Klein aber oho, mit hübschen Details – Minicakes sind
großartige kleine Geschenke, die Freude bereiten. Diese
süßen Leckereien im Miniaturformat haben mir immer
schon gefallen. Sie sind etwas sehr Persönliches und bei
weitem nicht so entmutigend wie das Backen und Dekorieren eines großen Kuchens. Ich experimentiere sehr
gern mit Farben, Mustern und Design, und Minicakes sind
für mich ideale Objekte, um meine Ideen auszuprobieren.
Die Projekte dieses Buches decken eine große Bandbreite
von Themen ab, die in vier Kapitel aufgeteilt sind: Vintage,
Besondere Ereignisse, Kindheit und Design. Ich hoffe, es
sind Kuchen dabei, die Dir gefallen und Dich inspirieren.

Besonders begeistert hat mich der Kuchen "Trautes
Heim" im Hundertwasser-Stil. Die Idee dazu kam ganz
plötzlich, wie ein Blitz, und ich skizzierte sie hastig auf
ein Stück Papier, bevor sie wieder verschwand. Ich mag
auch die Projekte aus "Magischer Herbst", zu denen
mich die Landschaft rund um mein neues Zuhause in
den Shropshire Hills anregte. Ein weiterer Favorit ist der
Kuchen "Glanzvoller Abschluss", den ich für meine Tochter entworfen habe. Ich empfand es als wahres Privileg,
diesen Kuchen für sie zu gestalten. Sie ist inmitten meiner
Kuchen und Bücher groß geworden und ich kann mich auf
ihre ehrliche Meinung absolut verlassen.

In diesem Buch habe ich verschiedene Größen für die
Kuchen gewählt, vom kleinen 5 cm bis hin zum 7,5 cm
großen Kuchen, den man auch gut teilen kann. Du kannst
aber die Größe selbst festlegen. Meine Kursteilnehmer
haben sehr unterschiedliche Ansichten hinsichtlich der
optimalen Größe. Ich bevorzuge kleinere Kuchen, werde
aber oft überstimmt! Für diejenigen, die gern 3D – Formen
schnitzen, habe ich ein paar Projekte entworfen, von den
Strandhäuschen für sonnige Sommertage bis hin zu den
orientalischen Paisleys mit dem Hauch des Exotischen.
Alle können gut mit den beigefügten Vorlagen nachgear-
beitet werden. Die Designs eignen sich natürlich nicht nur
für Minicakes, Du kannst sie auch im Maßstab vergrößern
und große oder sogar mehrstöckige Festtorten entsprechend gestalten. Für den Kuchen "Zur Siegerehrung"
habe ich das hier mal als Beispiel umgesetzt, um Dir diese
Möglichkeit aufzuzeigen.

Ich habe für jedes Projekt ein paar Dinge gesammelt, einschließlich meiner Fotos, und daraus eine Collage rund um Farben und Motive erstellt. Meine Absicht ist, Dich selbst zum Entwickeln eigener Ideen anzuregen auf Deiner Entdeckungsreise. Wenn Du gerade mit der Tortendekoration anfängst, mag sich das wie ein Sprung ins Ungewisse anhören. Aber ich versichere Dir, wenn Du den Anleitungen in diesem Buch folgst und Dich dann sicherer fühlst, kannst Du meine Projekte anpassen und auf Deine Anforderungen hin ändern.

Du kannst Fotos Deiner Kreationen auf Pinterest hochladen, unter Nennung meines Namens oder des Buchtitels – dann finde ich sie leichter. Du kannst sie auch unter @LindysCakes twittern oder bei Facebook unter Lindy's Cakes posten.

Weitere Minicakes und Anregungen findest Du auf meiner Website. Schau in die Bildergalerie, den Blog und den Shop, und Du findest Kuchen in allen Größen, Formen und Farben. Alle speziellen Werkzeuge und Sonderzubehör, das Du für die Projekte dieses Buches benötigst, sind in meinem Shop erhältlich.

Ich hoffe, dieses Buch inspiriert Dich.

Viel Spaß beim Backen wünscht Dir

www.lindyscakes.co.uk

Thema Minicakes

Ob niedlich und bewundernswert – das Backen und Dekorieren von Minicakes bringt immer Spaß. Es gibt keinen Stress, Du kannst mit Farben und Mustern spielen und wenn Dir das Ergebnis nicht gefällt, ist es kein großes Problem, denn Du kannst es immer noch einmal versuchen. Meine ersten Minicakes habe ich vor Jahrzehnten gebacken und sie aus großen Kuchen zurechtgeschnitten. Heutzutage sind wir jedoch verwöhnt, denn Mehrfach-Backformen in rund und quadratisch sowie vorgeformte Backformen machen uns das Backen und Dekorieren so viel einfacher.

Was ist denn nun ein Minicake? Für mich ist es ein kleiner Kuchen, der mit wenigen Bissen verzehrt wird. Am liebsten backe ich Kuchen in runden Formen mit 5 cm Durchmesser, aber die Wahl der Größe liegt bei Dir und ist Geschmackssache. Meine Kursteilnehmer und ich weichen erheblich in unserer Ansicht über die perfekte Größe ab. Vielleicht bevorzugst Du etwas größere Kuchen, etwa 6,5 cm oder sogar 10 cm.

Die Größe wird natürlich auch beeinflusst von Deiner geplanten Dekoration und dem Anlass. Einige meiner Designs, wie z. B. „Zauberhafte Ringelblumen", passen nur auf kleine zarte Kuchen, während andere, wie „Die Farben des Regenbogens", eine stabilere Grundlage benötigen. Ich empfehle Dir, mit unterschiedlichen Größen zu experimentieren, um Deine Lieblingsgröße zu finden, die Dich am meisten anspricht.

Schaue Dir die Tabellen im Kapitel Grundlagen an. Dort findest Du die Mengen an Rollfondant und Marzipan, die Du zum Eindecken der Minicakes benötigst.

Vergrößern der Minicake-Designs

Die Entwürfe in diesem Buch eignen sich nicht nur für Minicakes, sondern auch für festliche Torten oder mehrstöckige Hochzeitstorten. Ich habe das am Beispiel des Minicakes "Zur Siegerehrung" einmal umgesetzt und zeige Dir eine mögliche Größenanpassung.

Zeitlose Taschenuhr

Ein Uhrenkuchen eignet sich hervorragend, um die vergängliche Zeit zu feiern, und nichts ist liebenswerter als eine attraktive Taschenuhr. Klein und wunderschön anzusehen ist eine Taschenuhr ein wahres Meisterwerk des Handwerks, das bequem auf Deine Handfläche passt. Ich weiß noch, wie mich die Taschenuhr meines Großvaters als Kind faszinierte. Es war eine besondere Belohnung, vorsichtig den Rückendeckel zu öffnen, um die prachtvollen handgearbeiteten Teile bestaunen zu dürfen. Obwohl diese Zeitmesser der Geschichte angehören und Anfang des 20. Jahrhunderts aus der Mode kamen, bleibt die Taschenuhr ein Symbol für das Verstreichen der Jahre und damit ein perfektes Geschenk zu einem besonderen Jubiläum.

Antikes Zifferblatt mit römischen Zahlen und eleganten Ornamenten.

Die Taschenuhr meines Nachbarn Bob, an ihrer wundervollen alten Kette.

Das Zifferblatt einer französischen Uhr ziert hier diesen Möbelknopf.

Der Taschenuhren-Kuchen

Für meine Version dieses klassischen Zeitmessers habe ich für die feinen kunstvollen Details eine Schablone und Prägewerkzeuge verwendet. Essbare Farben und Farbpulver simulieren die Alterspatina und deren Schönheit. Wenn Du dieses Projekt für einen speziellen Geburtstag nacharbeitest, vergiss nicht, die Zeiger auf die entsprechende Stunde zu stellen!

Du benötigst

MATERIAL

* ✳ **Kuchen:** 1 runden Minicake mit 6,5 cm Durchmesser
* ✳ **Rollfondant:** elfenbeinfarben
* ✳ **Modellierpaste:** braun (farblich passend zum bronzefarbenen Farbpulver) und etwas schwarz
* ✳ Frosting
* ✳ Weißes Pflanzenfett
* ✳ Farbglanzpulver bronzefarben (SK)
* ✳ Royal Icing
* ✳ **Farbpasten:** schwarz und braun – eine Mischung aus Autumn Leaf (SF) und Chestnut (SF)
* ✳ Pastillage
* ✳ Lebensmittelkleber

ZUBEHÖR

* ✳ **Cakeboard:** Hardboard, rund, 6 cm Durchmesser
* ✳ **Vorlagen:** Ziffernblatt und ovaler Ring
* ✳ **Schablone:** gem pendant (DS)
* ✳ **Ausstecher:** 9 cm rund, Lindys kleinster gebogener Diamanten-Ausstecher (LC)
* ✳ **Spritztüllen:** Nr.16, 18 und 0 (PME)
* ✳ Zahnstocher
* ✳ Ausrollhölzer, 5 mm und 1mm (beide LC)
* ✳ Kleiner Naturschwamm
* ✳ Lineal
* ✳ Prägestick aus dem Set side design set 2 (HP)
* ✳ Scharfes kleines Messer
* ✳ Pastenextruder und runde Lochscheiben
* ✳ Glaskopf-Stecknadeln
* ✳ Scriber
* ✳ Spritzbeutel
* ✳ Pinsel
* ✳ Winkelpalette
* ✳ Vorlagen

Lieferantenliste und Abkürzungen auf Seite 142.

Der ovale Ring

1 Färbe eine kleine Menge Pastillage mit den braunen Farbpasten ein, farblich abgestimmt auf das bronzefarbene Farbglanzpulver.

2 Knete ein wenig Pflanzenfett unter die Pastillage, damit sie nicht zu klebrig wird. Tauche sie dann in einen Behälter mit kühlem Wasser und knete sie gut durch. Wiederhole dies, bis sich die Paste weich und elastisch anfühlt. Nimm aber nicht zu viel Fett, sonst härtet sie nicht aus.

3 Fülle die weiche Pastillage in den Zylinder des Pastenextruders, lege die mittlere Lochscheibe ein und setze das Werkzeug zusammen. Drücke die Luft mit dem Kolben heraus und pumpe mit dem Griff, bis sich Druck aufbaut. Die Paste sollte leicht und glatt herausfließen. Falls nicht, ist die Konsistenz wahrscheinlich nicht richtig. Nimm die Paste dann heraus und knete etwas mehr Pflanzenfett oder Wasser unter.

Tipp

Pastillage ist bruchempfindlich, also stelle für alle Fälle ein Ersatzteil her!

4 Lege ein Stück herausgedrückte Paste so auf die ovale Vorlage (*siehe Bild am Ende der Anleitung*), dass die Naht auf einer der beiden langen Seiten liegt **(A)**. Schneide die Paste mit einem Messer auf die richtige Länge zu. Lasse sie an einem warmen Ort vollständig durchtrocknen, um der Paste die Feuchtigkeit entziehen.

A

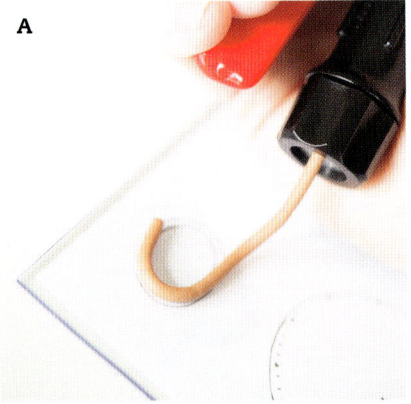

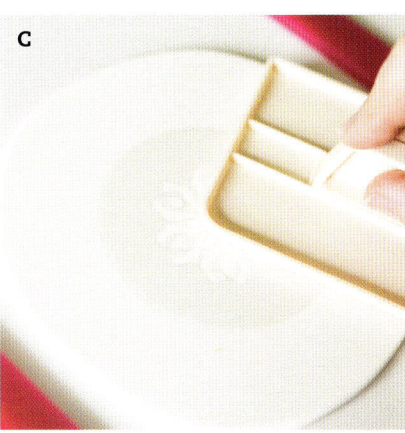

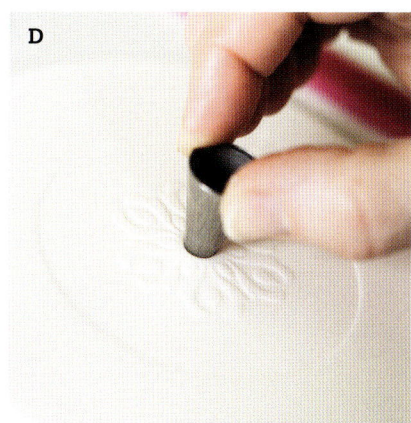

Die Uhr in Form schneiden und eindecken

1 Friere den Minikuchen ein, dann lässt er sich einfacher schneiden und schnitzen.

2 Teile den 6,5 cm großen Minikuchen waagrecht in Scheiben von 1,5 cm. Du solltest drei bis vier Scheiben pro Kuchen erhalten.

Tipp
Manchmal ist es einfacher, die Form des Kuchens mit einer Schere zu schneiden als mit einem Messer.

3 Nimm eine Scheibe Kuchen, so lange sie noch gefroren ist, und entferne mit einem kleinen Messer vorsichtig einen 5 mm breiten schrägen Streifen rund um den oberen und unteren Rand der Scheibe. Dadurch gibst Du der Scheibe das typische Aussehen einer Taschenuhr **(B).** Lege den Kuchen dann auf das passende Hardboard und befestige ihn mit etwas Frosting. Lasse ihn auftauen.

4 Rolle elfenbeinfarbenen Rollfondant zwischen den 5 mm Ausrollhölzern zu einem 10 cm großen Kreis aus. Lege die Schablone (*gem pendant*) in die Mitte des Kreises. Drücke mit einem Glätter die Schablone in die Paste **(C).** Entferne die Schablone dann vorsichtig.

5 Positioniere den runden 9 cm Ausstecher vorsichtig auf dem Muster und stich eine geprägte Scheibe aus. Entferne die Mitte der Scheibe, indem Du die Tülle Nr. 16 als Ausstecher verwendest **(D)**. Lege das ausgestochene Teil beiseite.

6 Stecke einen Zahnstocher in die Mitte des Kuchens und streiche eine dünne Schicht Frosting auf den Kuchen.

7 Positioniere die geprägte Fondantscheibe über den Zahnstocher, dann senke die Paste langsam auf den Kuchen **(E)** – damit legst Du das Muster genau mittig auf den Kuchen. Streiche die Paste glatt.

8 Ziehe den Zahnstocher heraus und lege die kleine ausgestochene Scheibe wieder an ihren Platz. Stich dann mit dem größeren Ende einer Spritztülle eine Scheibe aus dem Fondant aus, um das Sekundenblatt herzustellen **(F)**. Ersetze diese Scheibe durch eine gleich große, aber nur 3 mm dicke Fondantscheibe. Lasse den Rollfondant dann antrocknen.

Tipp
Wenn Du nur einen Kuchen benötigst, schneide ein paar Scheiben in Form und suche Dir die beste aus.

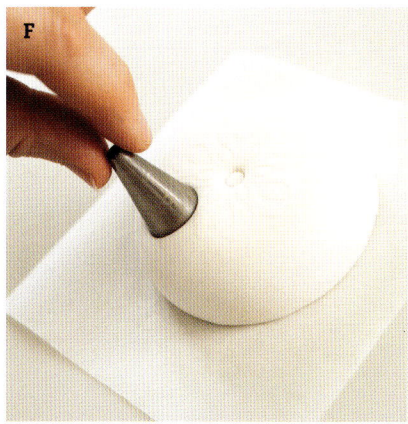

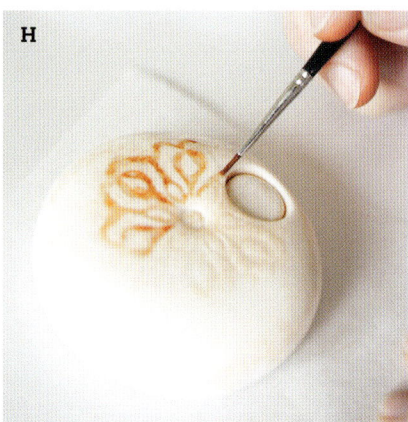

Bemalen

Verdünne die walnussfarbene Paste (*Chestnut*) mit klarem Alkohol (*Gin oder Wodka*) oder abgekochtem Wasser und tupfe die verdünnte Farbe mit einem feuchten Schwamm auf das Ziffernblatt **(G)**. Ziehe mit einem Pinsel und einer etwas dunkleren Farbe die Ränder des Musters und den Rand des Sekundenblattes wie hier gezeigt nach **(H)**. Lasse die Farbe trocknen. Entferne dann mit einem feuchten Schwamm ein wenig von der Farbe, um Highlights zu setzen.

Tipp

Setze die Highlights auf dem Ziffernblatt schnell und effektiv, damit das Muster sich nicht auflöst oder weggerieben wird.

Das Gehäuse

1 Rolle die braune Modellierpaste zwischen den 1 mm Ausrollhölzern zu einem Streifen aus. Schneide einen 2 cm breiten Streifen aus **(I)**. Wickle den Streifen, am oberen Ende der Uhr gegenüber des Sekundenblattes beginnend, um den Rand der Uhr. Schneide ihn auf die korrekte Länge ab und befestige ihn mit Kleber **(J)**.

2 Rolle einen weiteren dünnen Streifen aus brauner Modellierpaste aus. Lege ein Ausrollholz von 5 mm Dicke der Länge nach auf den Streifen. Halte den Prägestick mit Daumen und Zeigefinger, setze den Stick an einer Seite des Ausrollholzes an und drücke ihn in die Paste. Präge den ganzen Streifen entlang in Abständen von je 5 mm zwischen den Prägungen **(K)**.

3 Schneide den Streifen mit einem Lineal und Messer zu, lasse dabei auf beiden Seiten des Prägemusters 1 mm Rand. Beginne wieder am oberen Ende der Uhr und befestige den schmalen Streifen mittig auf dem ersten.

4 Verknete etwas braune Modellierpaste mit Pflanzenfett und Wasser, und fülle sie zusammen mit der kleinen runden Lochscheibe in den Pastenextruder. Drücke die Paste heraus und lege sie oben auf das Gehäuse als Abschluss für das Ziffernblatt **(L)**.

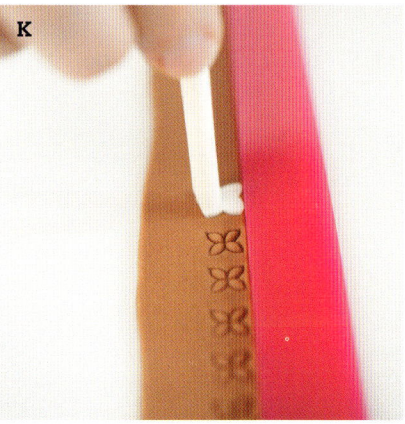

Zeit, die Du mit Freude verschwendest, ist keine verschwendete Zeit!

Marthe Troly-Curtin

Das Ziffernblatt

1 Lege die Vorlage für das Ziffernblatt (siehe Ende dieser Anleitung)so auf den Kuchen, dass die Position von 12 Uhr mit der Naht im Gehäuse zusammentrifft. Stecke zur Befestigung eine Stecknadel in die Mitte der Vorlage. Markiere mit dem Scriber anhand der Vorlage die Position der Stunden auf dem Kuchen **(M)**. Entferne Vorlage und Stecknadel.

2 Rolle schwarze Modellierpaste zwischen den 1 mm Ausrollhölzern aus und stich sechs geschwungene Diamanten aus. Halbiere die Diamanten mit einem scharfen Messer und befestige die Hälften als Stundenanzeige am Rand des Ziffernblattes entlang **(N)**.

3 Lege die Vorlage erneut auf und markiere die Position der Minuten am Rand des Ziffernblattes. Färbe etwas Royal Icing schwarz ein und fülle es in einen kleinen Spritzbeutel, bestückt mit einer Spritztülle Nr. 0. Spritze kleine Punkte auf die Markierungen für die Minuten **(O)**. Spritze außerdem Punkte nach Augenmaß auf das Sekundenziffernblatt.

4 Spritze die römischen Ziffern frei Hand zwischen das Muster auf dem Ziffernblatt und den markierten Stundenanzeigen. Orientiere Dich dafür am Foto des fertigen Kuchens. Beachte dabei, dass bei diesem Kuchen die Ziffern von IV bis VIII die Richtung ändern!

5 Stelle aus schwarzer Paste spitzzulaufende Tropfenformen und feine Stränge für die Zeiger her. Lege sie auf den Kuchen. Befestige ein paar kleine, flachgedrückte schwarze Kugeln in der Mitte der Uhr und auch in der Mitte des Sekundenblattes.

M

N

O

Aufzugwelle und Krone

1 Rolle aus brauner Modellierpaste eine 1 cm große Kugel, drücke sie ein wenig flach und befestige sie am oberen Ende der Uhr über der Nahtstelle des Gehäuses. Drücke mit einem Pinselende eine Vertiefung hinein und lege dort den ovalen Ring mit der Nahtstelle hinein. Befestige ihn mit etwas Royal Icing.

2 Für die Krone nimmst Du eine 1,25 cm große Kugel aus brauner Modellierpaste und schneidest parallele senkrechte Linien rundherum in den Rand **(P)**. Stich mit Tülle Nr. 18 aus dünn ausgerollter Paste eine kleine Scheibe aus und befestige sie auf einer Seite der Krone. Bringe die Krone mit etwas Royal Icing im Ring an.

3 Rolle zwei Pastenstränge von je 2 cm und befestige sie unter der Krone auf beiden Seiten des ovalen Ringes.

4 Dann stellst Du mit Extruder und der kleinen Lochscheibe einen Strang aus weicher Modellierpaste her und legst diesen auf den Spalt zwischen Gehäuse und Aufzugwelle.

5 Wenn alles trocken ist, mischst Du das Farbglanzpulver mit klarem Alkohol an und bemalst damit Gehäuse, Aufzugwelle, Krone und Ring **(Q)**.

Tipp

Ich habe viele verschiedene Metallic-Überzüge ausprobiert, aber die Produkte von Squires Kitchen bringen mir den intensivsten Glanz, der sehr gut reflektiert.

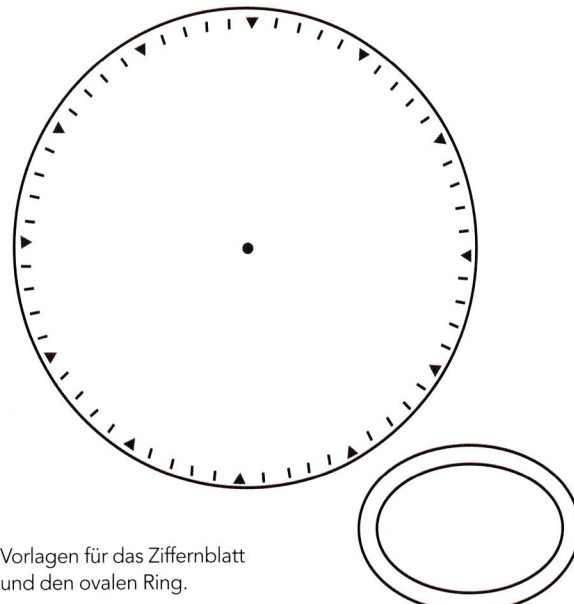

Vorlagen für das Ziffernblatt und den ovalen Ring.

P

Q

Elegante Minicakes mit Zahnrädern

Zahnräder und Getriebe sind mit Schablonen einfach herzustellen. Diese Kuchen sind ideal für Steampunk-Enthusiasten.

Du benötigst

* **Minicakes:** in unterschiedlichen Größen
* **Rollfondant:** weidengrün (sage green), puderblau (dusty blue) und schiefergrau (slate blue/grey)
* Farbpasten nach Wahl zum Bemalen der Kuchen
* Pastillage
* **Essbare Farbglanzpulver:** light silver (SK), antique gold (SK) and bronze (SK)
* **Schablonen:** verschiedene mit kreisförmigen Mustern
* **Ausstecher:** rund in verschiedenen Größen, sowie runde Lochtüllen, um das Innere und die Ränder der Räder zu gestalten
* Prägestick aus dem Set side design set 2 (HP)
* Flacher Pinsel
* Glaskopf-Stecknadeln

1 Rolle etwas Pastillage aus und präge sie mit den Schablonen, wie zuvor beschrieben. Stich einen Kreis so aus, dass das Muster mittig liegt. Stich mit verschiedenen kleinen Ausstechern und Tüllen Formen aus der Scheibe und aus ihrem Rand aus, um so ein Zahnrad herzustellen. Orientiere Dich dabei an den Fotos. Fertige verschiedene Zahnräder an und lege sie auf ein Foam Pad zum Trocknen. Stelle für jeden Minicake ein Zahnrad her, aus dem Du ein Viertel Kreissegment ausschneidest. Bemale die trockenen Räder mit aufgelöstem Farbglanzpulver, wie zuvor beschrieben.

2 Decke die Minicakes mit verschiedenfarbigem Rollfondant ein und präge sie stellenweise mit dem Prägestick. Dann lasse den Rollfondant antrocknen.

3 Verdünne Farbpasten Deiner Wahl mit klarem Alkohol und bemale die Minicakes mit einem flachen Pinsel mit flüchtigen Strichen in unterschiedlichen Richtungen, bis Du mit der Zeichnung zufrieden bist. Lasse die Farbe über Nacht trocknen.

4 Befestige die Zahnräder mit ein wenig Royal Icing an den Kuchen und stütze sie während des Trocknens mit Stecknadeln ab. Vergiss nicht, die Stecknadeln nach dem Festwerden zu entfernen.

Tipp

Mache die Pastillage-Zahnräder im Voraus, damit sie genügend Zeit zum Trocknen haben.

Kleine Strandhäuschen

*B*unte Strandhäuschen wecken in vielen von uns nostalgische Kindheits-Erinnerungen an wundervolle Tage am Meer, Strandburgen, Planschen im flachen Wasser und erstaunliche Entdeckungen beim Erforschen von überspülten felsigen Stränden. In meiner Jugend besaßen meine Großeltern ein Strandhaus in Sutton-on-Sea an der Ostküste Englands. Ich weiß noch, wie entzückt ich von diesem kleinen Haus war, vom singenden Wasserkessel bis hin zu den niedlichen Gardinen. Das Innere des Hauses war in weiß und gelb gehalten und die Außenseite habe ich viel dunkler in Erinnerung – grün oder dunkelblau. Stil und Farbe der englischen Strandhäuser sind an den britischen Küsten sehr unterschiedlich. In manchen Orten sehen alle Häuschen gleich aus, während sie andernorts eher zusammengewürfelt wirken.

Eine wunderbare Auswahl an Strandhütten an der Küste von Norfolk

Schaufenster sind immer eine gute Quelle für Inspiration - hier eine Strandhütte als Spardose

Bonny-Beach-Badehütten-Cakes

Die Inspiration für meine kleinen Häuschen habe ich mir von der wundervollen, fast schon exzentrischen Mischung der kleinen Häuschen in Wells-next-the-Sea geholt, an der nördlichen Küste Norfolks gelegen. Ich habe dafür zwei Grundformen gewählt und sie unterschiedlich dekoriert. In der folgenden Anleitung werden das blaue und das gelbe Haus beschrieben. Außerdem erkläre ich, wie die beiden anderen Häuschen durch Abwandlung der Dekoration hergestellt werden. Ich hoffe, Dich hiermit zu inspirieren, Deine eigenen persönlichen Strandhäuschen zu entwerfen.

Du benötigst

MATERIAL

* **Kuchen:** einen quadratischen Kuchen mit 15 cm Seitenlänge
* **Rollfondant:** weiß, gelb, marineblau, mittelblau, grün, orange und drei Grautöne
* **Modellierpaste:** gelb, marineblau, mittelblau, grün, orange, drei Grautöne, schwarz und weiß
* Frosting oder Ganache
* Lebensmittelkleber
* Feinen braunen Zucker

ZUBEHÖR

* **Cakeboards:** Hardboards, rechteckig, 5 x 6 cm. Du kannst dafür auch Leichtschaumplatten (3 mm) zuschneiden
* großes scharfes Messer
* **Wachspapier-Quadrate**, 10 x 10 cm, je eins pro Häuschen
* **Ausrollhölzer,** 5 mm und 1 mm (beide LC)
* 2 Glätter, beide mit einer geraden Kante
* Zahnstocher
* Geo-Dreieck
* Skalpell oder Winkelpalette
* **Ausstecher:** Bandschneidegerät (multi ribbon cutter, FMM), kleine Diamanten (LC)
* Schneiderädchen (PME)
* Schere
* Spritztülle
* Silikonform Strand: beach mould set AM018 (AM)
* Vorlagen

Lieferantenliste und Abkürzungen auf Seite 142.

Den Kuchen zurechtschneiden

1 Stelle für jedes Häuschen zwei Vorlagen aus Papier her (*siehe Ende dieser Anleitung*).

2 Schneide den Kuchen auf einer Höhe von 6 cm gerade durch und lege eine der Vorlagen oben auf den Kuchen. Halte sie mit Zahnstochern am Platz. Schneide den Kuchen mit einem scharfen Messer rund um die Vorlage senkrecht durch **(A)**.

3 Befestige die zweite Vorlage auf der anderen Seite des Kuchens mit Zahnstochern und achte darauf, dass beide Vorlagen genau aufeinander abgestimmt sind. Nimm die zweite Vorlage, um die zugeschnittene Form notfalls zu korrigieren, damit das Haus absolut symmetrisch ist. Schneide so viele Häuser zu wie gewünscht. Du kannst aus dem 15 cm Kuchen alle drei Häuschen ausschneiden.

4 Stelle jedes Häuschen auf ein Hardboard und befestige es mit etwas Frosting.

Das Häuschen eindecken

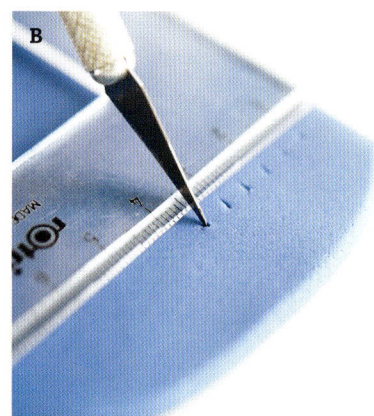

1 Knete den marineblauen Rollfondant weich und rolle ihn dann zwischen den Ausrollhölzern 5 mm dick aus. Schneide zwei Seiten, die rechtwinklig zueinander stehen, gerade. Markiere mit einem Geo-Dreieck und einem Skalpell kleine Linien im Abstand von 5 mm wie hier gezeigt **(B)**. Nimm eine gerade Kante – hier nehme ich die 1 mm Ausrollhölzer – und präge damit senkrechte Linien in die Paste für die Holzverkleidung **(C)**.

2 Hebe die Paste vorsichtig hoch und lege sie auf ein Stück Wachspapier, mit der geprägten Seite nach unten.

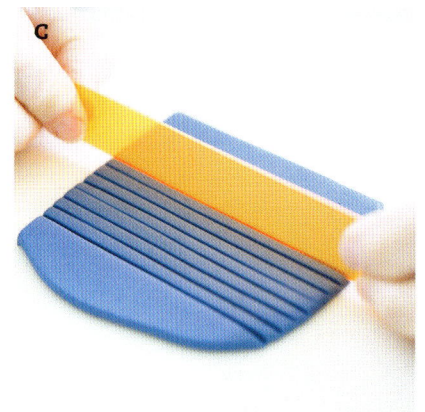

3 Überziehe die Rückseite des Häuschens mit einer dünnen Schicht Frosting und lege es mit dieser eingestrichenen Seite auf den ausgerollten Fondant. Entferne den überschüssigen blauen Fondant rund um das Häuschen mit einer Winkelpalette. Achte dabei darauf, die Winkelpalette senkrecht zum Haus zu führen, damit Du eine gerade Schnittkante erhältst **(D)**.

4 Stelle den Kuchen aufrecht und korrigiere die Wand notfalls mit dem Geo-Dreieck. Überziehe als nächstes die Vorderseite mit Frosting und decke sie mit weißem Rollfondant wie zuvor beschrieben ein, aber ohne diesen vorher zu prägen.

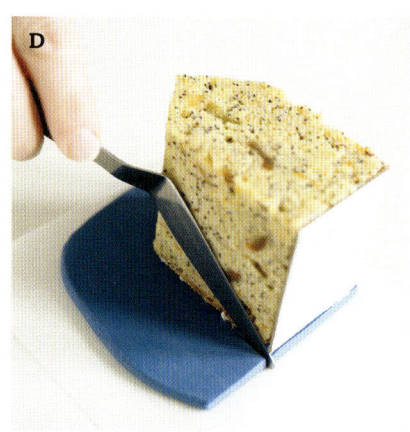

Tipp
Der Rollfondant für die Vorderseite muss nicht geprägt werden, da alle Details aus Modellierpaste hergestellt werden.

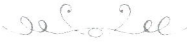

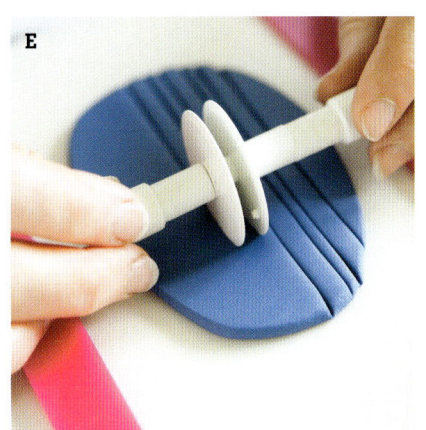

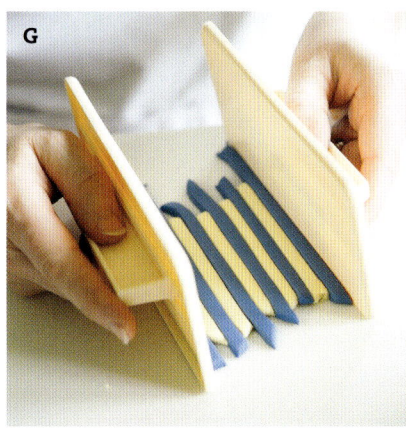

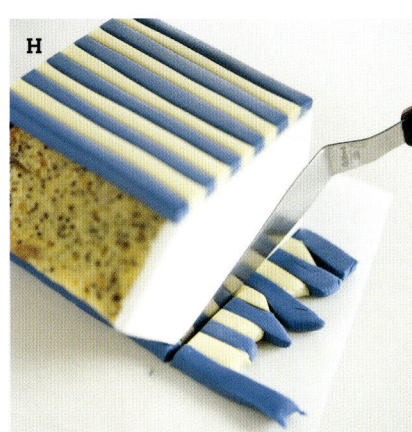

5 Rolle gelben und marineblauen Rollfondant zwischen Ausroll-hölzern 5 mm dick aus. Stelle das Bandschneidegerät auf eine Breite von 7 mm und schneide einige Streifen in beiden Farben aus **(E)**. Schneide dabei die Paste nur halb mit dem Gerät durch und vollende den Schnitt mit einem Skalpell oder einer Winkelpa-lette, sonst hast Du Abdrücke von dem Bandschneidegerät in den Streifen **(F)**.

6 Lege die zugeschnittenen Streifen in den beiden Farben abwechselnd dicht nebeneinander auf Dein Arbeitsboard, bis Du eine Breite von 7 cm erreichst. Drücke die Streifen mit den Glät-tern seitlich zusammen, damit sie fest aneinander haften **(G)**.

7 Hebe die Paste vorsichtig hoch und lege sie auf Wachspapier, mit der Oberseite nach unten. Überziehe eine Seite des Kuchens dünn mit Frosting und lege ihn mit dieser eingestrichenen Seite so auf die gestreifte Paste, dass die Streifen waagrecht an der Haus-seite entlang laufen. Schneide überschüssige Paste ab und achte dabei darauf, dass die Kanten bündig mit Vorder- und Rückseite verlaufen und Du scharfe Ecken behältst. Wiederhole den Vorgang für die andere Hausseite **(H)**.

8 Lege einen Glätter auf eine Seite des Daches. Drücke ihn sanft nach unten, um die Wände aus Rollfondant bündig zum Dach abzuschrägen wie gezeigt **(I)**. Mache das auf der zweiten Dach-hälfte genauso.

9 Rolle etwas grauen Rollfondant zwischen den Ausrollhölzern aus und schneide zwei Rechtecke aus, die ein bisschen größer sind als die Dachflächen. Meine waren 7,5 x 5 cm, aber Deine können in der Größe abweichen, also miss sie aus. Bringe sie mit einer Schicht Frosting an, wie hier gezeigt **(J)**.

10 Rolle mit Hilfe eines Glätters einen Strang aus grauem Rollfon-dant **(K)** und lege ihn auf den Spalt zwischen den Dachhälften. Forme den Strang mit zwei Glättern zu einem Grat. Schneide die Enden auf korrekte Länge ab. Lasse das eingedeckte Häuschen trocknen.

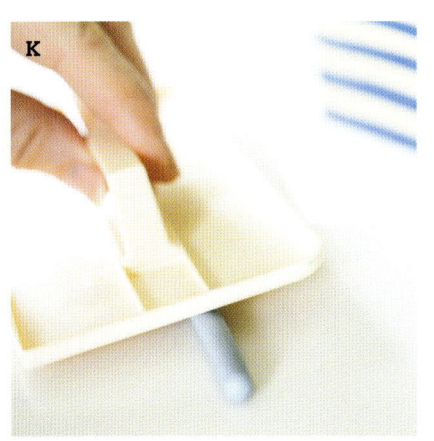
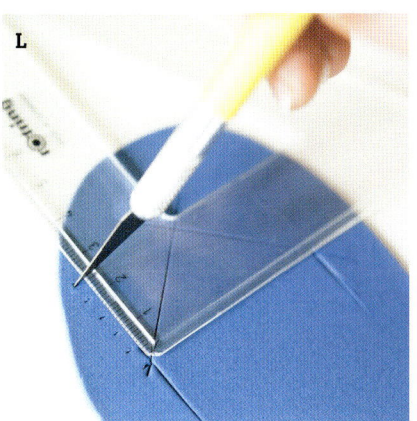
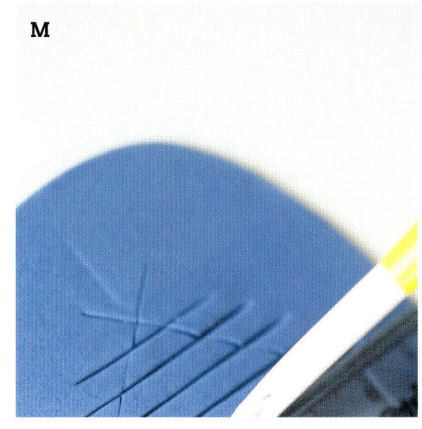

Dekoration der Vorderseite

1 Rolle marineblaue Modellierpaste zwischen Ausrollhölzern 1 mm dick aus. Lege die Vorlage auf die Paste und schneide das spitze Dach rundherum aus. Lege das Geo-Dreieck am tiefsten Punkt des Daches an und markiere die Paste seitlich vom Dach mit dem Skalpell in 5 mm Abständen **(L)**.

2 Schneide die Paste mit Hilfe eines Lineals und des Schneiderädchens anhand der Markierungen waagrecht in 5 mm breite Streifen **(M)**. Befestige sie mit Lebensmittelkleber. Rolle Modellierpaste in gelb und marineblau getrennt aus und schneide sie in 5 mm breite Streifen. Bringe diese dann wie hier gezeigt mit Lebensmittelkleber senkrecht an der Vorderseite des Hauses an **(N)**. Klebe einen dünneren Streifen mittig darauf, um die Türen zu trennen und einen waagrechten "Tropfenfänger" darüber.

3 Rolle etwas schwarze Modellierpaste aus und schneide 5 mm lange Scharniere und Knebel aus. Befestige sie wie auf dem Foto gezeigt **(N)**.

Fertigstellung des Daches

1 Rolle etwas graue Modellierpaste zwischen Ausrollhölzern 1 mm dick aus und schneide ein Rechteck in der Breite des Daches aus (etwa 7,5 cm) und in der Länge passend über die gesamte Fläche bis unter die Dachkanten (etwa 12 cm). Lege den Streifen vorsichtig auf das Dach. Schlage die Enden um die unteren Dachkanten um und schneide Überschuss notfalls mit einem Skalpell sauber ab **(O)**.

2 Präge mit einem Lineal eine waagrechte Linie auf halber Höhe des Daches in die Paste, als ob sich hier die Dachpappe überlappt **(P)**.

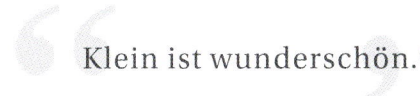

> " Klein ist wunderschön. "
>
> E· F· Schumacher

3 Für die dekorative Verzierung am Dachgiebel bestückst Du das Bandschneidegerät mit einer Wellenschnittscheibe und einer geraden Scheibe, im Abstand von etwa 9 mm zueinander. Rolle gelbe Modellierpaste zwischen Ausrollhölzern 1 mm dick aus und schneide vier gewellte Streifen wie gezeigt aus **(Q)**.

4 Bringe einen Streifen mit Lebensmittelkleber an, schneide ihn an der Spitze mit dem Skalpell sauber ab und kürze ihn am unteren Ende mit einer kleinen Schere. Befestige die anderen drei Streifen genauso. Abschließend stichst Du zwei kleine Diamanten aus und befestigst sie in der Mitte der Dachspitze.

Die anderen Strandhäuschen dekorieren

Lasse Dich von meinen Strandhäuschen inspirieren und ändere Farben und Stil, um Deine eigenen Häuschen zu dekorieren. Du kannst zum Beispiel das Dach verändern, indem Du geprägte Streifen in unterschiedlichen Farben auflegst. Du kannst auch die Giebelwände hübsch dekorieren oder sie ganz glatt lassen. Bei dem orangefarbenen Häuschen habe ich alle Außenwände mit der Prägemethode und senkrechter Verkleidung gestaltet. Experimentiere und sei abenteuerlustig. Stelle Deine Häuschen dann auf eine Schicht braunen Zuckers, der wie Sand aussieht. Gestalte das Ganze dekorativ, z. B. mit Flossen (siehe unten) aus restlicher Modellierpaste und der Silikonform.

Vorlagen für die Strandhäuschen

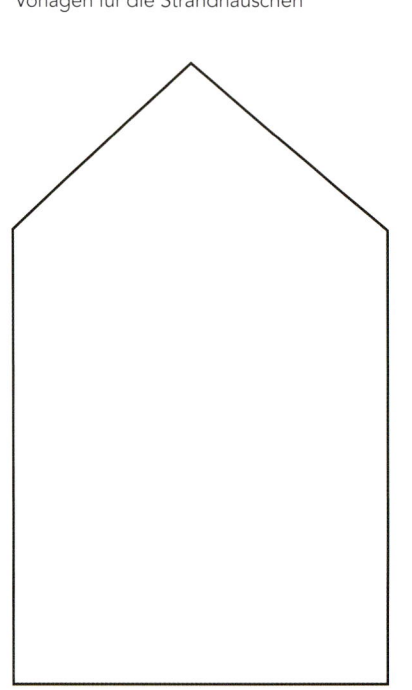

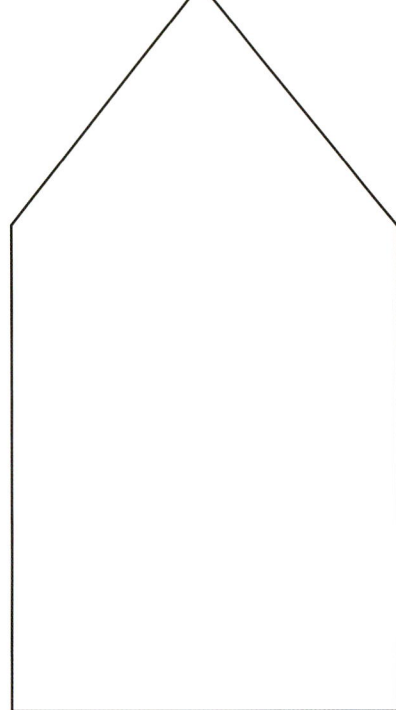

Kleine Sandburg

Der Bau einer Sandburg gehört zu einem Strandbesuch dazu. Mache Dir eine essbare Version aus Zuckerpaste und braunem Zucker für Deinen Minikuchen.

1 Gib etwas braunen Zucker in eine Schüssel und mische ihn mit ¼ TL Wasser. Der Zucker sollte wie leicht feuchter Sand aussehen. Fülle etwas in den Flaschenverschluss und drücke ihn hinunter. Drehe den Verschluss um und klopfe den Zucker heraus. Stelle so zwölf kleine Sandburgen her.

2 Stelle den Kuchen in die Mitte des Boards, überziehe ihn mit einer dünnen Schicht Frosting und decke Kuchen und Board mit Rollfondant ein. Befeuchte den Fondant mit Wasser und streue den feuchten Zucker auf Kuchen und Board. Stelle die kleinen Sandburgen rund um den Kuchen auf.

3 Markiere den Eingang der Burg mit kleinen Kugeln aus schwarzer Paste. Stelle eine Flagge her. Schneide aus orangefarbener Modellierpaste ein Dreieck von 4 x 2,5 cm aus. Wickele die kurze Seite um das Ende eines Zahnstochers. Stecke das andere Ende des Zahnstochers oben in den Kuchen. Setze oben auf das Ende der Flagge eine kleine Kugel aus schwarzer Paste. Drapiere die Flagge so, als ob sie in einer leichten Brise flattert. Vergiss nicht, die Flagge zu entfernen, bevor der Kuchen gegessen wird.

23

Omas Garnrollen

st Dir schon aufgefallen, dass für den Vintage-Trend hölzerne Spulen und Garnrollen "aufge-
möbelt" wurden, um damit alle möglichen hübschen Dinge zu gestalten? Ich habe Garnrollen
entdeckt, die mit Großmutters Bändern umwickelt schnell zu Weihnachtsbaumschmuck wurden;
Garnrollen auf farbigen Bändern als lustigen Halsschmuck und Garderoben, an denen Garnrollen
statt Haken angebracht waren. Eine Garnrolle ist so ein simples Objekt, aber sie ist Teil unserer
Geschichte. Meine Großmutter hat mir ein Nähkästchen vererbt, in dem ich gerne stöbere, weil es
viele alte Stücke enthält, unter anderem Garnrollen in allen Formen und Größen. Durch sie wurde
ich zu diesen Minicakes inspiriert.

Hölzerne Rollen aus einer vergangenen
Zeit, beklebt mit faszinierenden Etiketten

Alte Garnrollen voll mit bunten Fäden sind
eine fabelhafte Farbinspiration!

Vintage-Garnrollen

Früher wurden Garnrollen aus Holz hergestellt und der Name des Herstellers stand auf einem kleinen gedruckten Etikett auf beiden Enden der Rolle. Meine Minicakes sind mit essbarer Zucker-Baumwolle verkleidet und zwischen zwei Hardboards platziert, die wie zwei hölzerne Scheiben aussehen.

VINTAGE

Du benötigst

MATERIAL
* **Kuchen:** runde Minicakes, 5 cm Durchmesser
* **Rollfondant:** dunkelrosa, rosa und grün
* **Modellierpaste:** dunkelrosa, rosa und grün, braun und beige
* **Frosting**
* **Royal Icing,** in dunklem beige eingefärbt
* **Pastillage,** grau eingefärbt
* silbernes Farbglanzpulver (SK)
* Lebensmittelkleber

ZUBEHÖR
* **Cakeboards:** runde Hardboards, 7,5 cm, zwei je Kuchen
* **Ausrollhölzer:** 5 mm und 1 mm (beide LC)
* **Ausstecher:** rund 7,5 cm und 3 cm
* Skalpell
* Schneiderädchen
* Glätter
* Pastenextruder mit mittlerer Lochscheibe und halbmondförmiger Scheibe
* Prägestick: Spitzmotiv (lace motif set 19, HP)
* Schablone: fünfzackiges Medaillon (five point medallion C322, DS)
* Winkelpalette

Lieferantenliste und Abkürzungen auf Seite 142.

Die Nadel aus Pastillage

1 Knete die graue Pastillage, bis sie weich ist. Rolle daraus einen 4 mm dicken Strang. Wenn dieser gleichmäßig dick ist, rolle ein Ende mit dem Glätter zu einer Spitze. Schneide den spitzzulaufenden Strang auf eine Länge von 9 cm und runde das geschnittene Ende ab. Schneide mit dem Skalpell das Öhr hinein und öffne es leicht. Lege die Nadel zum Trocknen auf ein Foam Pad.

Tipp

Pastillage muss zum Aushärten gut durchtrocknen. Stelle die Nadel deshalb ein paar Tage vor dem Dekorieren des Kuchens her.

2 Wenn die Nadel trocken ist, verrührst Du etwas Farbglanzpulver mit klarem Alkohol und bemalst die Nadel damit.

> Wenn Du keine großen Dinge tun kannst, dann mache kleine in einer großartigen Weise.
>
> Napoleon Hill

Die hölzernen Scheiben

1 Diese bereitest Du am besten etappenweise vor, damit die Paste zwischen den einzelnen Schritten Zeit zum Trocknen hat. Knete die braune Modellierpaste weich. Wenn sie trocken und bröselig ist, gib etwas Pflanzenfett und Wasser dazu. Sie soll fest, aber elastisch sein.

2 Rolle die Paste zwischen Ausrollhölzern 1 mm dick aus. Stich für jeden Kuchen zwei Scheiben mit dem runden Ausstecher in 7,5 cm aus. Nimm die restliche Paste weg und lasse die Scheiben auf der Arbeitsfläche ein wenig ruhen, damit sie etwas fester werden. Sie sollen sich beim Anheben nicht verformen.

3 Nimm pro Kuchen zwei Hardboards und bestreiche je eine Seite mit Lebensmittelkleber. Hebe die Scheiben aus brauner Paste vorsichtig an und lege sie auf die Boards **(A)**. Die Paste sollte genau am Rand des Boards anliegen, passe sie notfalls an. Lasse die Paste trocknen.

4 Sobald die Paste getrocknet ist, drehst Du die Hardboards um und deckst die zweite Seite des Boards in der gleichen Weise mit brauner Paste ein. Lasse wieder alles gut trocknen.

5 Für die Gestaltung des geprägten Randes benötigst Du sehr weiche braune Modellierpaste. Knete dazu zuerst etwas Pflanzenfett in die Paste, tauche sie dann in kühles abgekochtes Wasser und knete sie gut durch. Wiederhole das, bis die Paste weich und elastisch ist. Fülle sie in den Pastenextruder und setze die halbmondförmige Scheibe ein. Presse damit Stränge von 28 cm Länge auf Deine Arbeitsfläche (*wenn die Paste nicht leicht herausfließt, ist sie nicht weich genug*) **(B)**. Du benötigst für jedes Board einen Strang.

6 Streiche dann mit einem Pinsel Lebensmittelkleber auf den Rand der Hardboards. Schneide die Enden des Strangs schräg ab. Befestige den Strang so um den Rand, dass er bündig mit der Paste ober- und unterhalb des Boards aschließt **(C)**. Schneide den Strang mit einem Skalpell auf die richtige Länge ab.

7 Präge die Ränder mit dem Schneiderädchen mit diagonalen Linien im Abstand von etwa 5 mm **(D)**. Lasse sie dann trocknen.

27

E

F

G

8 Dekoriere als nächstes die Oberseiten der Garnrollen. Rolle die beigefarbene Modellierpaste 1 mm dick aus, am besten zwischen Ausrollhölzern. Stich pro Kuchen eine Scheibe mit dem runden Ausstecher in 7,5 cm Durchmesser aus. Lasse die Paste etwas antrocknen und lege sie dann vorsichtig auf eines der beiden eingedeckten Hardboards. Dieses wird dann die Oberseite der Garnrolle.

9 Positioniere die Medaillon-Schablone mittig auf der beigefarbene Paste. Streiche mit der Winkelpalette etwas beigefarbenes Royal Icing auf die Schablone **(E)**. Hebe die Winkelpalette dabei nicht an, sonst könnte sich die Schablone ebenfalls anheben und das Muster verwischen. Sobald das Icing eine gleichmäßige Stärke hat, entferne die Schablone vorsichtig **(F)**. Wiederhole dies für alle Garnrollen.

10 Rolle etwas Modellierpaste in der Farbe passend zum Rollfondant dünn aus. Nimm den Prägestick zwischen Daumen und Zeigefinger und drücke ihn senkrecht fest in die Modellierpaste. Löse ihn dann vorsichtig **(G)**.

11 Stich geprägte Scheiben mit dem runden Ausstecher in 3 cm aus und lege je eine Scheibe auf jede schablonierte Oberseite **(H)**.

H

> „ Nichts ist zu gering, um es zu wissen und nichts ist zu groß, um es zu versuchen. "
>
> William Van Horne

Die Seiten der Rolle eindecken

1 Schneide Deinen Minicake gerade – die Höhe sollte in cm dem Durchmesser entsprechen. Wenn Du die Kuchen in Multi-Mini-Backformen gebacken hast, hat der obere Rand der Form die richtige Höhe.

2 Überziehe die Seiten des Kuchens mit einer dünnen Schicht Frosting, damit der Rollfondant gut haftet.

3 Knete den rosafarbenen Rollfondant weich und rolle ihn zwischen den 5 mm - Ausrollhölzern zu einem Streifen von 22 cm Länge aus. Drehe den Streifen um und schneide ihn auf 5 cm Breite zu. Lege den Kuchen mit der Seite auf den Streifen, die Kanten bündig mit dem Streifen. Rolle den Kuchen in die Paste ein **(I)**.

4 Schneide die Enden der Paste sauber ab und streiche die Naht mit der Wärme Deiner Finger glatt – sie wird dann von der Dekoration verdeckt.

5 Stelle den Kuchen aufrecht und befestige ihn mit etwas Frosting auf einem der unteren Hardboards.

6 Bestreiche die Oberseite des Kuchens mit einer dünnen Schicht Frosting, damit er nicht austrocknet.

Garn und Nadel anbringen

1 Für das Garn benötigst Du sehr weiche Modellierpaste, die Du, wie zuvor beschrieben, mit Pflanzenfett und Wasser verknetest (*siehe Tipp*). Fülle die Paste in den Pastenextruder und setze die mittlere Lochscheibe ein. Drücke die Paste heraus und beginne am unteren Ende der Garnrolle, den Strang in einer fortlaufenden Spirale um den Kuchen zu wickeln **(J)**. Die Paste reicht etwa für den halben Kuchen. Fülle den Extruder erneut und fahre fort, bis Du die obere Kante des Kuchens erreichst. Dekoriere alle Kuchen entsprechend in den unterschiedlichen Farben.

2 Um die Nadel anzubringen, unterbrichst Du kurz, wenn die erste Hälfte des Kuchens umwickelt ist. Befestige die Nadel vorsichtig mit Lebensmittelkleber an der Seite des Kuchens. Fahre dann fort, das Garn um den Kuchen zu wickeln und lege dabei zwei Fäden über die Nadel. Die folgenden ziehst Du unter der Nadel durch. Eventuell musst Du die Nadel dafür kurz etwas vom Kuchen abziehen, um sauber weiterwickeln zu können. Bringe sie dann wieder an ihre Position.

Tipp

Um Modellierpaste durch den Pastenextruder zu pressen, muss sie sehr weich sein. Damit sie elastisch bleibt, knetest Du Pflanzenfett ein und tauchst sie dann in kühles, abgekochtes Wasser, bevor Du sie erneut knetest.

3 Sobald Du den Kuchen vollständig mit Garn umwickelt hast, befestigst Du zwei kurze Stränge am Nadelöhr und am unteren Ende der Garnrolle **(K)**.

4 Lege zum Schluss die oberen dekorierten Scheiben auf die Garnrollen und gib, falls erforderlich, etwas Frosting zum Befestigen dazu, .

Tipp

Verwende für die Garnrollen Farben nach
Deinem Geschmack. Es ist immer leichter,
mit Farben zu arbeiten, die man selbst mag.

30

Hübsches Nadelkissen

Nadelkissen gibt es in vielen Formen und Größen, für meine Version habe ich einfach einen Standard-Mini-Kuchen mit einem Polster aus Zuckerpaste verwendet.

Du benötigst

* **Kuchen:** Schokoladen-Minicake, 5 cm Durchmesser
* Schokoladen-Ganache
* **Rollfondant:** weiß und rot
* **Modellierpaste:** weiß und braun, plus der Farben für die Stecknadelköpfe
* **Pastillage:** grau
* Essbare Farbpulver
* Pastenextruder
* **Prägestick:** Spitzenmotiv (lace motif set 19, HP)
* Ausrollhölzer 1 mm
* Verschiedene kleine Schablonen für Blüten und Blätter. Ich habe hier verwendet: Pfingstrose (Lindy's peony – LC100), Kirschblüte (Lindy's cherry blossom – LC106), Chin. Blüten (Chinese floral circle – LC104), Strauchblüten (Lindy's hedgerow flowers – LC203), stilisierte Blüten (Lindy's stylized flowers – LC110) (alle LC), Jap. Hartriegel (Japanese dogwood – C313, DS)

1 Überziehe die Minicakes mit Ganache und decke sie mit weißem Rollfondant ein, wenn die Ganache fest ist.

2 Lege eine Kuppel aus weißem Rollfondant als Kissen oben auf den Kuchen. Streiche die Paste zur Seite hin glatt.

3 Rolle den roten Rollfondant aus und decke das Kissen damit ein. Schneide überschüssige Paste rund um den Kuchen ab. Glätte die Schnittkante mit dem Finger.

4 Rolle weiße Modellierpaste zwischen den 1 mm Ausrollhölzern aus und schneide einen 4,5 cm breiten Streifen aus. Schabloniere den Streifen mit verschiedenen Schablonen und Farbpulvern. Lege dazu die erste Schablone auf den Streifen und halte sie mit dem Glätter fest. Pudere Farbe über einen kleinen Bereich der Schablone und variiere dabei die Farbintensität durch mehr oder weniger Pulver. Fahre mit anderen Schablonen und Farben fort. Wenn Du den Streifen vollständig bemustert hast, wickele ihn um den Kuchen und schneide die Paste mit einem Skalpell in einer sauberen Naht ab.

5 Schneide aus brauner Modellierpaste einen 8 mm breiten Streifen und präge ihn mit dem Prägestick. Befestige ihn über dem Spalt zwischen Kissen und dem Streifen

6 Stelle Nadeln her, indem Du weichgeknetete Pastillage mit dem Pastenextruder und der kleinen Lochscheibe zu dünnen Strängen presst. Sobald sie fest sind, bringst Du kleine bunte Kugeln an einem Ende an und steckst sie mit dem anderen Ende in das Nadelkissen.

Rund um die Shetland-Inseln

ch liebe es, für das Design meiner Kuchen Traditionelles mit neuen Ideen zu verknüpfen, und sehr oft stoße ich auf Anregungen vor meiner Haustür. In diesem Fall war es ein Paar entzückender bunter Hüttenschuhe, die mir sofort auffielen. Später habe ich dann entdeckt, dass es eine moderne Variante traditioneller Muster von Fair Isle war. Man sieht diese Muster oft auf gestrickten Pullovern - es hat seinen Ursprung auf dieser winzigen Insel, die zwischen Shetland und Orkney vor der schottischen Küste liegt. Als ich weiter nach "Fair Isle" recherchierte, entdeckte ich weitere Muster und Stilrichtungen. Also habe ich zwei kleine Kuchen dekoriert – einen mit einem "Fair Isle"-Muster und den zweiten nach einem alten Folkloremuster. Ich wollte Dir gern zeigen, welche Möglichkeiten man mit diesen Mustern hat. Ich hoffe, sie gefallen Dir so gut, dass Du Lust darauf hast, Deine eigenen Ideen umzusetzen.

Kuschelige Hüttenschuhe mit sich wiederholenden Mustern

Inspiration ist überall – sogar an unseren Füßen! Hier sind es Strickschuhe

Strickwaren liefern viele Ideen für Folklore- Muster

Eine flauschige Wollmütze im Fair-Isle-Muster

Shetland-Inseln-Cakes

Diese beiden hübschen Kuchen werden zuerst einfach mit Rollfondant eingedeckt. Dann erhalten sie ein Band aus Modellierpaste rundherum, das gitterartig
geprägt ist und der Stramin für das Muster sein wird. Das Muster selbst wird dann
in kleinen Punkten auf das Gitter aufgespritzt. Das kannst Du frei Hand machen
oder nach einer Papiervorlage. Die folgende Anleitung beschreibt die Herstellung
des Kuchens mit dem Herzen. Den zweiten Kuchen findest Du anschließend.

Du benötigst

MATERIAL

* **Kuchen:** runde Minicakes mit 6,5 cm Durchmesser
* **Rollfondant:** dunkelrosa und hellrosa
* Frosting
* **Modellierpaste:** cremefarben
* **Royal Icing:** olivgrün, jadegrün, blattgrün, hellrosa, mittelrosa, altrosa und dunkelrosa-rot

ZUBEHÖR

* **Cakeboards:** rundes Hardboard, 6,5 cm Durchmesser
* Prägewerkzeug Stickgitter (embroidery grid embosser, PC)
* Ausrollhölzer, 1 mm (LC)
* Skalpell
* Schneiderädchen
* Foam Pad
* Lineal
* 7 kleine Spritzbeutel
* Spritztülle Nr. 1 (PME) (optional)
* Kleine Schere
* Kariertes Papier oder Gittervorlage aus dem Internet
* Farbstifte
* Zahnstocher

Lieferantenliste und Abkürzungen auf Seite 142.

Den Kuchen eindecken

1 Schneide den Minicake auf die gleiche Höhe, die er als Durchmesser hat. Wenn Du die Kuchen in einer Multi-Mini-Backform gebacken hast, entspricht der obere Rand der Form der korrekten Höhe. Befestige jeden Kuchen mit etwas Frosting auf einem Hardboard.

2 Überziehe den Kuchen mit Frosting und decke ihn mit Rollfondant ein. Wenn Du damit fertig bist, stellst Du die Kuchen zum Antrocknen beiseite.

Das geprägte Gitter

1 Rolle für den Stramin cremefarbene Modellierpaste zwischen den 1 mm dicken Ausrollhölzern zu einem Streifen aus.

Tipp

Wenn Du Ausrollhölzer verwendest, bekommst Du eine gleichmäßige Stärke der Paste.

2 Lasse die Paste eine kurze Zeit antrocknen, damit sie nicht an Deinem Prägewerkzeug kleben bleibt. Drücke das Prägewerkzeug dann sehr fest auf den Streifen **(A)**. Am besten ist es, das Werkzeug flächig mit der ganzen Hand in die Paste zu drücken. Zum Entfernen ist es besser, nicht nur am Griff zu ziehen, sondern eine Kante mit dem Finger anzuheben und es vorsichtig abzuziehen. Prüfe, ob das Gittermuster gleichmäßig übertragen wurde. Manchmal braucht man ein wenig Übung!

3 Wenn Du mit dem ersten geprägten Gitter zufrieden bist, legst Du das Prägewerkzeug vorsichtig an das erste Muster an und drückst es ein zweites Mal in die Paste **(B)**. Das Gitter soll gleichmäßig fortlaufend aussehen, deshalb nimm Dir ein bisschen Zeit dafür. Mach es, wie zuvor beschrieben. Schneide den geprägten Streifen mit einem Lineal und dem Skalpell auf eine Breite von 32 Gitterkästchen zu **(C)**.

4 Streiche die Seiten des Minicakes mit etwas kühlem Wasser oder Lebensmittelkleber ein. Hebe das geprägte Band vorsichtig an und wickele es vollständig um den Kuchen **(D)**. Achte darauf, dass das Muster dabei nicht gedehnt oder verzogen wird. Schneide das Band an der Nahtstelle sauber mit einem Skalpell zurecht **(E)**.

Wir entwerfen Muster,
wir teilen Momente.

Jenny Downham

F

Dein erstes Fair-Isle-Design

1 Zeichne auf Dein kariertes Papier ein Rechteck mit 32 Quadraten in der Höhe oder drucke Dir eine Gittervorlage aus dem Internet aus. Bringe sie auf die Größe Deines geprägten Gitterbandes. Wähle Farbstifte aus; ich habe hier sieben Farben verwendet – dreimal grün und viermal rosa – aber Du kannst das nach Geschmack entscheiden.

2 Zeichne nun ein buntes Muster in die Gittervorlage **(F)**. Probiere verschiedene Formen und Anordnungen aus oder übernimm einfach meine Entwürfe. Du stellst nur ein Zähl-muster her, damit Du weißt, wohin Du die Punkte spritzen musst. Ein kleiner Ausschnitt des Musters ist vollständig ausreichend, besonders wenn Du ein relativ einfaches Mus-ter im Fair-Isle-Stil nacharbeiten möchtest.

3 Fülle einen Spritzbeutel mit frischem Royal Icing in hellrosa und schneide eine ganz kleine Spitze ab, oder nimm eine feine Spritztülle. Beginne am unteren Rand des Kuchens und spritze einen kleinen Punkt auf jedes zweite Gitterkästchen in der untersten Reihe. Stütze Deine Hand dabei entweder auf der Arbeitsfläche oder mit der anderen Hand ab. Halte die Tülle ein klein wenig entfernt vom Kuchen. Drücke den Spritzbeutel, bis der Punkt die gewünschte Größe hat, löse den Druck und ziehe die Tülle dann weg. So vermeidest Du unerwünschte Spitzen. Vergiss nicht: drücken, lösen, wegziehen.

Tipp
Wenn ein Punkt misslungen ist, entferne ihn schnell mit einem feuchten Pinsel.

G

H

I

4 Wenn Du die erste Reihe von Punkten fertig hast, dann spritze Punkte in die zweite Reihe, immer in die Lücken der ersten, wie hier gezeigt **(G)**.

Tipp

Wenn Du einen mit Icing gefüllten Spritz-beutel zur Seite legst, dann verpacke ihn mit Frischhaltefolie, damit das Icing an der Spitze nicht austrocknet.

5 Fülle einen zweiten Spritzbeutel mit frischem Royal Icing in altrosa. Spritze anhand der Vorlage die Umrisse der Herzen auf die entsprechenden Gitterkästchen **(H)**. Zähle das Muster sorgfältig aus, damit sie alle die gleiche Form haben.

6 Sobald die Umrisse fertig sind, füllst Du sie mit Punkten, die Du nur auf jedes zweite Kästchen spritzt **(I)**. Damit vermeidest Du, dass das frische Icing ineinander läuft. Setze das rund um den Kuchen fort. Wenn Du alle Herzen halb gefüllt hast, spritzt Du Punkte auf die noch freien Kästchen. Die ersten sollten inzwischen trocken genug sein.

7 Arbeite in dieser Art weiter an Deinem Muster, von unten nach oben. Wechsele die Farben und spritze die Muster nach Deinem Entwurf und zähle die Kästchen aus. Wenn Du alles fertig hast, spritze eine Linie von Punkten rund um den Kuchen, am Rand des geprägten Bandes entlang.

J

Der Herz-Topper

1 Zeichne auf Deinem karierten Papier die Vorlage für ein Herz. Meines ist 19 Kästchen breit und 17 Kästchen hoch. Übertrage das Herz mit einem Zahnstocher auf geprägte Modellierpaste **(J)**.

2 Schneide das Herz vorsichtig mit einem Schneiderädchen aus **(K)**, versäubere die Rundungen notfalls mit einem Skalpell. Lege das Herz auf die Arbeitsfläche und spritze zuerst die Umrisse mit Icing in altrosa nach. Fülle die Fläche dann schrittweise. Wenn das Icing getrocknet ist, legst Du das Herz auf ein Foam Pad zum vollständigen Durchtrocknen.

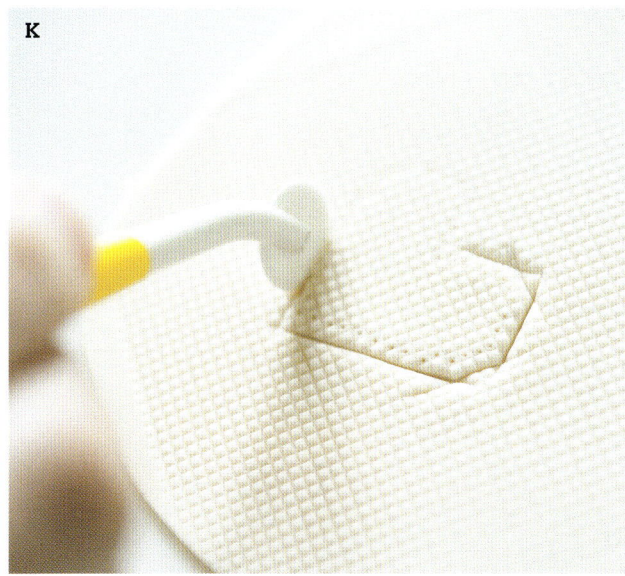

K

3 Schneide aus Papier eine Scheibe in der gleichen Größe wie die Oberseite des Kuchens aus. Falte das Papier zwei-mal je zur Hälfte. Der Treffpunkt der Falten zeigt Dir die Mitte des Kuchens. Lege das Papier oben auf den Kuchen und markiere die Mitte mit einer Stecknadel **(L)**.

4 Befestige auf der Rückseite des durchgetrockneten Her-zens einen kleinen Zahnstocher mit Royal Icing. Sobald dieses fest ist, steckst Du den Zahnstocher in die obere Mitte des Kuchens. Vergiss nicht, den Topper zu entfernen, bevor der Kuchen angeschnitten wird.

L

Der Kuchen im Folklore-Muster

Dieser Kuchen wird genauso hergestellt wie der Kuchen im Fair-Isle-Muster, obwohl das Muster anspruchsvoller ist. Das bedeutet, dass das Muster an den Seiten des Kuchens etwas schwieriger zu spritzen ist, da die Farben nicht in Reihen angeordnet sind. Solange Du jedoch richtig zählst und einen Abschnitt nach dem anderen arbeitest, wird Dir diese dekorative Arbeit viel Spaß machen und geradezu therapeutisch sein!

> **Keine freundliche Tat, egal wie klein, ist jemals verschwendet.**
>
> Aesop

Kuchen mit gestickter Pfingstrose

Eine weitere Dekorationsmöglichkeit ist es, Royal Icing in Linien statt in Punkten zu spritzen, ähnlich den Stielstichen. Übertrage Dein ausgewähltes Muster einfach auf den Kuchen und fülle es mit farbigen "Stichen". Ordne sie überlappend an, ändere die Farben – ganz nach Deinem Geschmack.

Du benötigst

* **Kuchen:** Minicakes, rund, 7,5 cm Durchmesser, mit beigefarbenem Rollfondant eingedeckt
* **Royal Icing:** die gleichen Farben wie für den Fair-Isle-Minicake, plus Pflaume
* **Farbpaste:** verschiedene Brauntöne
* Schwamm
* Scriber
* 7 Spritzbeutel
* Vorlage
* Backpapier

1 Verdünne die braunen Farbpasten mit etwas Wasser und trage sie mit einem Schwamm auf den eingedeckten Kuchen auf, um eine Art gesprenkelten Stoffdruck zu erhalten. Lasse alles gut trocknen.

2 Übertrage die Pfingstrosen-Vorlage auf Backpapier und stich oder kratze das Muster dann mit dem Scriber auf den Kuchen.

3 Fülle die Spritzbeutel mit frischem Royal Icing. Schneide die Spitze von einem mit grünem Icing gefüllten Beutel ab und beginne Linien auf die Blätter und Stiele zu spritzen, wie auf dem Foto gezeigt. Berühre dazu den Kuchen mit der Spitze des Beutels und übe gleichzeitig etwas Druck auf den Beutel aus. Wenn das Icing herausfließt, hebst Du die Spitze etwas an. Wenn genug Icing herausgedrückt wurde, löst Du den Druck und führst die Spitze zum Kuchen zurück. Wechsele zu einer anderen Farbe und arbeite weiter. Fahre fort, bis das Muster fertig ist und Du mit dem Ergebnis zufrieden bist.

Vorlage Pfingstrose
um 200 % vergrößern

39

Zur Siegerehrung

Ob man "Best in Show" wird oder bei einem Wettlauf als erster durchs Ziel läuft – es gibt tausende gute Gründe, etwas zu feiern, und eine Siegerschleife, die bei solchen Anlässen oft verliehen wird, ist ein wundervolles und lang gehütetes Erinnerungsstück. Die Schleifen bestehen gewöhnlich aus Stoff oder Band, das zu einer rosenähnlichen Form gefaltet wird. Diese konzentrischen Lagen aus Rüschen bieten zahlreiche Möglichkeiten, neue Muster und Farbkombinationen auszuprobieren – also lass Deiner Phantasie freien Lauf! Warum nicht mal den mittleren Knopf durch eine größere flache Scheibe ersetzen? Durch den dann verfügbaren Platz kannst Du passende Zahlen oder sogar Wörter aufbringen, um den Kuchen zu personalisieren.

Farbige und sehr dekorative Deckenbemalung der Norwich Cathedral in England

Wunderschönes symmetrisches Muster aus dem Vairocana Buddha Prayer Wheel, Singapur

Die Natur präsentiert ihre eigenen Rosetten in Form zarter Blüten

Cakes zur Siegerehrung

Bei meinen Kuchen habe ich die Grundidee der Rosette durch zusätzliche, bemusterte Scheiben am Rand ergänzt, um das Ganze mehr nach Handarbeit aussehen zu lassen. Außerdem sind meine Lagen verschiedenfarbig, und in der Mitte jeder Rosette liegt ein Knopf, um den Stoffcharakter der Original-Rosette nachzuempfinden. Die nachstehende Anleitung ist für die große Rosette. Zusätzlich habe ich ein bisschen damit gespielt und noch eine kleinere hergestellt, um Dir mögliche Variationen zu zeigen.

MEILENSTEINE

Du benötigst

MATERIAL

* ✳ **Kuchen:** Minicakes in 6,5 und 7,5 cm Durchmesser, möglichst in Multi-Mini-Backformen gebacken
* ✳ **Rollfondant:** pink und aqua
* ✳ Frosting
* ✳ Pastillage, für jeden Kuchen eine kleine Menge
* ✳ **Modellierpaste:** weiß, pink, dunkelpink, aquablau, helles aquablau, helles limettengrün und schwarz
* ✳ **Essbares Farbpulver:** pink, limettengrün, blaugrün
* ✳ Royal Icing, kleine Menge
* ✳ Lebensmittelkleber

ZUBEHÖR

* ✳ **Cakeboards:** Hardboards im gleichen Durchmesser wie die Kuchen
* ✳ **Vorlagen:** in Segmente aufgeteilte Kreise, 8 cm und 7,5 cm Durchmesser
* ✳ Foam Pad
* ✳ Ausrollhölzer, 5 mm und 1 mm (beide LC)
* ✳ Glätter
* ✳ Skalpell
* ✳ Pinsel
* ✳ **Ausstecher:** : rund in 4 cm, 3 cm und 2,3 cm Durchmesser; Fünfblättrige Blüte 38 mm und 50 mm (Five Petal Cutter set, PME), die zwei kleinsten Ausstecher aus dem Persian Petal set 1 (LC)
* ✳ **Schablonen:** Kirschblüten (Cherry Blossom – LC106, LC), Elegante Blüten für Cupcakes (Elegant Flower Cupcake Top Stencils – LC112, LC)
* ✳ **Prägestick:** Blüten (Flowers 1 embossing stamp set, FMM)
* ✳ **Silikonform Knöpfe** (button mould, patterned set AM089, AM)
* ✳ Glaskopf-Stecknadeln
* ✳ Winkelpalette

Lieferantenliste und Abkürzungen auf Seite 142.

Tipp

Die Rosetten können vorbereitet und bis zu ihrer Verwendung trocken gelagert werden.

Die Basis der Rosetten

1 Kopiere die zwei in Segmente aufgeteilten Vorlagen und lege sie unter durchsichtige Folie. Die Vorlage mit 8 cm Durchmesser ist für Kuchen von 7,5 cm gedacht und die Vorlage mit 7,5 cm für Kuchen mit 6,5 cm Durchmesser.

2 Rolle die Pastillage 1 mm dick aus und stich mit dem runden 4 cm Ausstecher für jede geplante Rosette eine Scheibe aus. Lege die Scheiben auf eine Vorlage und präge die Segmente mit einer Winkelpalette ein, wie hier gezeigt **(A)**. Lege die Scheiben dann auf ein Foam Pad zum vollständigen Durchtrocknen. Diese Scheiben aus Pastillage sind die Basis zur Befestigung der Rosetten auf den Kuchen.

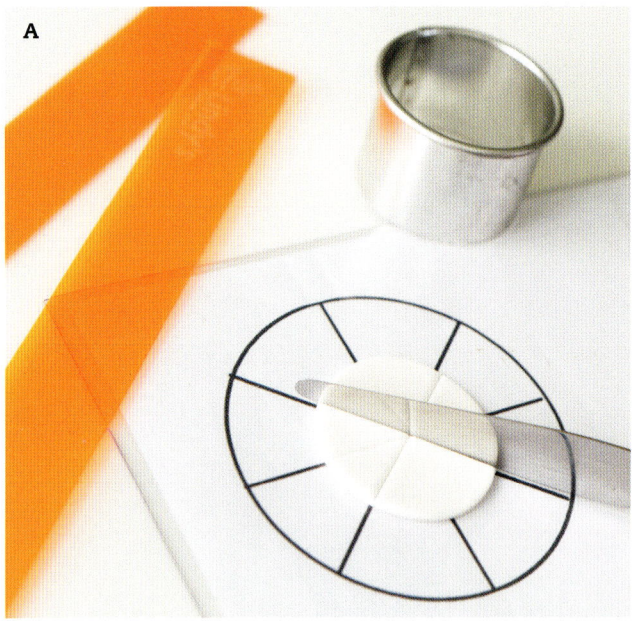

A

Die unteren Lagen

1 Knete etwas weiße Modellierpaste weich und rolle sie zwischen Ausrollhölzern 1 mm dick aus. Lege eine Schablone Deiner Wahl darauf – ich habe hier die „elegant flower" verwendet. Drücke sie mit dem Glätter leicht an, damit sie nicht verrutscht **(B)**.

2 Tauche einen Pinsel in das pinkfarbene Farbpulver und pudere vorsichtig über die Blüten in der Schablone. Verändere die Farbintensität durch Auftragen von mehr oder weniger Pulver. Bepudere andere Bereiche der Schablone mit einem sauberen Pinsel in limettengrün. Du brauchst nur eine Fläche von 3 cm Durchmesser zu färben, nicht die ganze Schablone. Trage auf die verbleibenden Bereiche blaugrüne Farbe auf **(C)**.

3 Wenn alle Flächen fertig sind, entferne alle Pulverreste, damit sie Dein Muster beim Herunterfallen nicht beeinträchtigen. Nimm die Schablone dann vorsichtig weg. Stich mit dem runden Ausstecher in 3 cm Größe eine Scheibe aus der gemusterten Paste aus **(D)**.

4 Lege die getrocknete Pastillage-Scheibe auf die Vorlage und streiche Lebensmittelkleber auf ihre Oberseite. Falte einen Teil der schablonierten kleinen Scheibe locker um, wie hier gezeigt, und lege sie auf die Basisscheibe. Stelle sieben weitere Scheiben mit Schablonenmuster her, die genauso aussehen wie die erste, und lege sie zu einem hübschen gemusterten Ring zusammen **(E)**.

Tipp

Du kannst mit Deiner Schablone so viele Farben aufbringen, wie Du magst. Nimm bei jedem Farbwechsel aber saubere Pinsel und entferne überschüssiges Pulver, damit das Muster nicht unsauber wird.

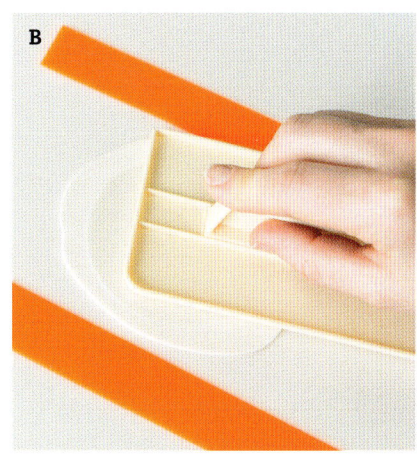

B

C

D

E

43

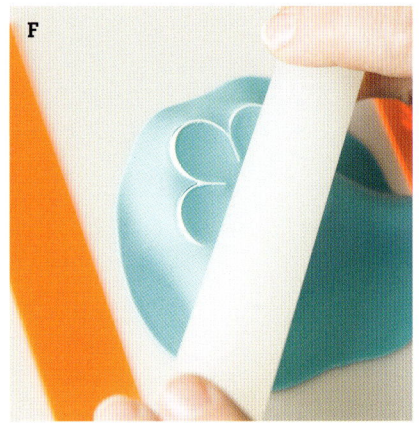

Die zweilagige Blume

1 Rolle die aquablaue Modellierpaste zwischen Ausrollhölzern 1 mm dick aus. Lege die Paste über die Schnittkante des fünfblättrigen Ausstechers mit 5 cm Durchmesser. Rolle mit dem Ausrollstab darüber - so bekommst Du eine saubere scharfe Schnittkante **(F)**.

2 Streiche mit dem Finger über die Kante des Ausstechers, drehe ihn dann um und löse die Paste vorsichtig mit einem weichen Pinsel heraus. Lege die Blume in die Mitte der Rosette und befestige sie mit etwas Lebensmittelkleber auf den gemusterten Scheiben.

3 Wiederhole das Ganze mit der dunkelpinkfarbenen Paste und dem fünfblättrigen Ausstecher in 38 mm Durchmesser. Positioniere die kleinere Blume wie hier gezeigt und befestige auch sie mit etwas Lebensmittelkleber **(G)**.

> *Beachte die kleinen Dinge. Der Lohn dafür ist umgekehrt proportional.*
>
> Liz Vassey

Schwarze Rüsche und Knopf

1 Für die schwarze Rüsche rollst Du einen Streifen aus schwarzer Modellierpaste 1 mm dick aus und schneidest eine lange Seite davon mit einem Skalpell gerade. Falte den Streifen wie hier gezeigt **(H)**.

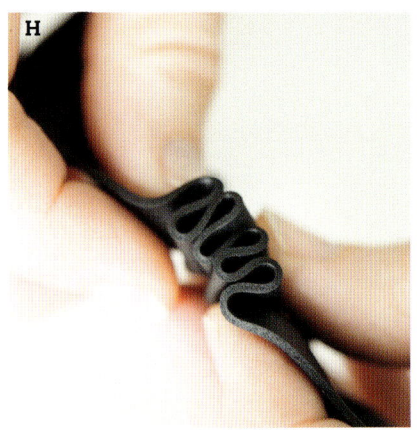

2 Lege die Paste zurück auf die Arbeitsfläche und schneide sie auf eine Breite von 1 cm zu. Gib etwas Lebensmittelkleber in die Mitte der Rosette und lege darauf die gefaltete schwarze Paste vorsichtig zu einem Kreis von 2 cm Durchmesser – siehe Foto **(I)**.

3 Rolle aus schwarzer Paste eine Kugel, die die Mitte der Rosette ausfüllt und etwas flachgedrückt als Basis für den zentralen Knopf dient **(I)**.

4 Rolle für den Knopf eine Kugel aus limettengrüner Paste, etwas größer als die Mulde in der Silikonform, und drücke sie mit der vollständigen glatten Seite in die Mulde. Presse die Paste fest hinein und entferne dann Überschüsse mit der Winkelpalette, um eine flache Rückseite zu erhalten (J). Öffne die Löcher in der Mitte des Knopfes mit den Fingern oder mit einem Dresden Tool.

5 Drücke mit den Fingern auf die Rückseite der Silikonform, um so die Paste herauszulösen. Du vermeidest damit, dass die Knopflöcher sich verziehen, auch wenn Du vielleicht ein paar Anläufe brauchst! Befestige den Knopf mit Lebensmittelkleber an seinem Platz und lasse alles trocknen.

Eindecken und Dekorieren

1 Schneide die Kuchen gerade, die Höhe sollte in cm gleich groß sein wie der Durchmesser. Wenn Du sie in Multi-Mini-Backformen gebacken hast, ist der obere Rand der Form die richtige Höhe. Befestige die Minicakes mit etwas Frosting auf Hardboards mit dem gleichen Durchmesser wie die Kuchen.

2 Überziehe die Kuchen mit einer dünnen Schicht Frosting und decke sie dann mit Rollfondant in der gewünschten Farbe ein, wie im Kapitel Grundlagen beschrieben. Wenn sie fertig sind, lasse sie etwas antrocknen.

3 Gib ein wenig Royal Icing auf die Rückseite der großen Rosette und befestige sie an der Seite des Kuchens mit 7,5 cm Durchmesser. Achte darauf, dass die Knopflöcher waagrecht oder senkrecht verlaufen. Stütze die Rosette vorübergehend mit einer Glaskopf-Stecknadel ab.

Persische Blütenformen

1 Rolle schwarze Modellierpaste zwischen Ausrollhölzern 1 mm dick aus. Nimm die fünfblättrige Blüte aus dem Prägeset zwischen Daumen und Zeigefinger und drücke sie senkrecht in die weiche Paste. Wiederhole dies siebenmal, mit etwas Abstand zwischen den Blumen. Stich mit dem 2 cm großen Ausstecher aus dem Persian Petal Set acht Blüten wie hier gezeigt aus **(K)**.

2 Positioniere die Formen mit einem feuchten Pinsel so auf dem Kuchen, dass sie von vorne wie eine Fortsetzung der Rosette aussehen. Achte darauf, sie gleichmäßig anzuordnen und korrigiere die Position, falls erforderlich **(L)**. Schneide die Formen am unteren Rand des Kuchens auf die passende Größe zu.

J

K

L

45

3 Stich acht weitere persische Blütenformen aus dunkel-pinkfarbener Modellierpaste aus. Nimm die Rosette vom Kuchen ab, um die Formen zwischen den schwarzen Blütenformen anbringen zu können **(M)**. Gib etwas Icing auf die Rückseite der Rosette und bringe sie wieder an ihren Platz.

4 Befestige rund um die Rosette Knöpfe aus dunkelpinkfarbener Modellierpaste, wie auf dem Foto zu sehen **(N)**.

Dekoration des kleineren Kuchens

Stelle die kleinere Rosette genauso her, wie zuvor beschrieben, aber verwende die Schablone "Kirschblüten" und den runden Ausstecher mit 2,3 cm Durchmesser für die untere Lage. Für die oberen Lagen arbeitest Du wie zuvor beschrieben, nimm dann aber den 1,8 cm großen Ausstecher für die persischen Blüten und den Margeriten-Prägestick.

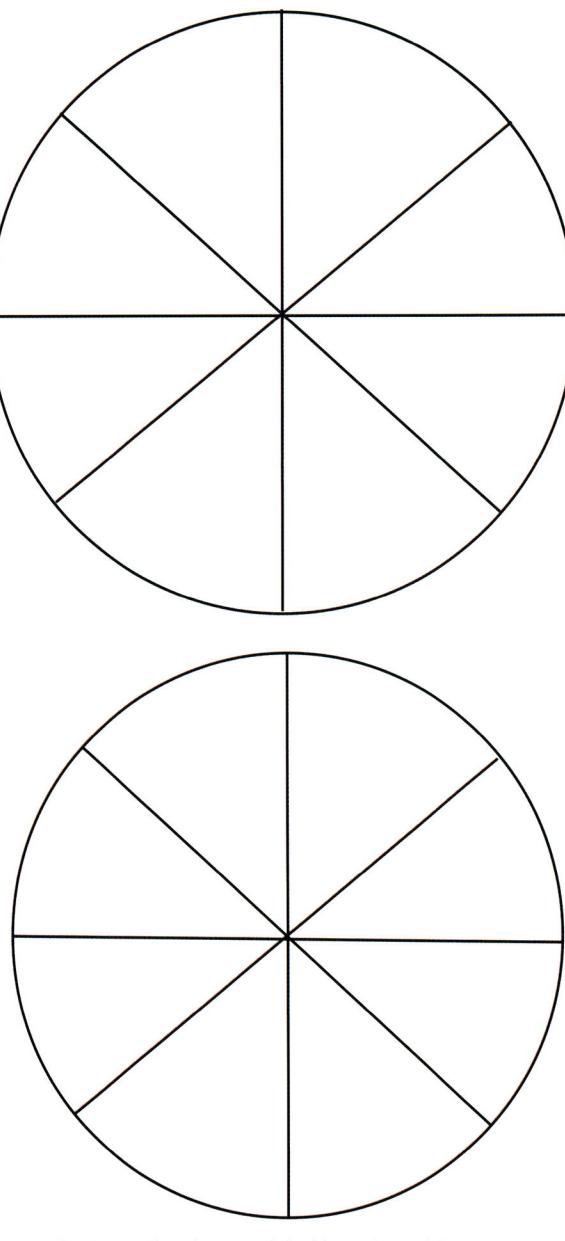

Vorlagen für die große (oben) und die kleine (unten) Rosette

46

Hübscher Windrad-Kuchen

Windräder sind charmante Blickfänger. Stelle sie aus Modellierpasten-Quadraten her, mit schablonierten Mustern.

Du benötigst

* ❋ **Kuchen:** Minicakes, 5 cm Durchmesser
* ❋ **Rollfondant:** limettengrün
* ❋ **Modellierpaste:** schwarz und weiß
* ❋ **Essbares Farbpulver:** pink, limettengrün und blaugrün
* ❋ Lebensmittelkleber
* ❋ Glätter
* ❋ Ausrollhölzer 1 mm (LC)
* ❋ Schablone Rose (species rose stencil LC)
* ❋ Ausstecher quadratisch, 5,8 cm Seitenlänge (geometric set FMM)
* ❋ Skalpell
* ❋ Pastenextruder
* ❋ Glaskopf-Stecknadeln

1 Rolle die weiße Modellierpaste zwischen Ausrollhölzern 1 mm dick aus. Lege die Schablone darauf und drücke sie mit dem Glätter leicht fest, damit sie nicht verrutscht.

2 Nimm die gleichen Farbpulver wie für die Rosetten und bepudere damit die Öffnungen in der Schablone. Entferne vorsichtig überschüssiges Farbpulver, nimm die Schablone ab und stich mit dem Ausstecher ein Quadrat aus der bunten Paste aus.

3 Lege ein Lineal oder ein Ausrollholz diagonal auf das Quadrat. Schneide mit dem Skalpell 3 cm weit von einer Ecke des Quadrates zur Mitte hin. Wiederhole dies für alle anderen Ecken. Gib etwas Lebensmittelkleber in die Mitte des Quadrates und schlage je eine Hälfte der durchgeschnittenen Ecken zur Mitte hin um.

4 Rolle ein erbsengroßes Stück schwarzer Modellierpaste zu einer Kugel und lege sie in die Mitte des Windrades. Befestige darauf eine kleinere Kugel, etwa halb so groß wie die erste. Lasse alles gut trocknen.

5 Befestige den Kuchen mit etwas Frosting auf einem Hardboard mit dem gleichen Durchmesser und überziehe ihn mit einer dünnen Schicht Frosting. Decke ihn dann mit limettengrünem Rollfondant ein.

6 Knete für den Stab des Windrades etwas Pflanzenfett unter schwarze Modellierpaste und tauche sie dann in kühles abgekochtes Wasser. Knete sie gut durch. Fülle die weiche Paste in den Pastenextruder und setze die kleine Lochscheibe ein. Drücke den Pastenstrang heraus, schneide ein kurzes Stück ab und befestige es senkrecht an der Seite des Kuchens. Bringe das gut getrocknete Windrad mit Royal Icing am oberen Ende des Stabes an. Stütze das Windrad mit einer Glaskopf-Stecknadel ab, bis das Icing getrocknet ist.

Glanzvoller Abschluss

D er Tag der Abschlussfeier ist ein ganz besonderes Ereignis. Der erfolgreiche Höhepunkt jahrelangen Studiums, harter Arbeit und vieler Prüfungen – ein denkwürdiger Tag voller Freude und Stolz. Doktorhüte, akademische Mäntel, farbenfrohe Kappen, Schriftrollen und große Feiern kennzeichnen diesen Tag weltweit an Universitäten, von Oxford bis Harvard, Singapur und Mumbai. Ich erinnere mich noch lebhaft an meine Abschlussfeier vor Jahrzehnten, und nun ist meine Tochter Charlotte soweit – einfach wundervoll!

Der Doktorhut ist unverzichtbar für den Kuchen zur Abschlussfeier

Buchstapel eignen sich hervorragend als Ausgangspunkt für ein Tortendesign

Der Kuchen zum glanzvollen Abschluss

Diesen Minicake zur Abschlussfeier habe ich in der Lieblingsfarbe meiner Tochter gestaltet – violett – und dabei die Rüschen im Farbverlauf von violett zu gold verändert. Ein symbolischer Doktorhut gibt sich oben auf dem Kuchen die Ehre und wird von goldenen Sternen des Erfolgs umrahmt.

Du benötigst

MATERIAL

* **Kuchen:** Minicake, 6,5 cm Durchmesser
* **Rollfondant:** goldgelb, eingefärbt mit Farbpaste marigold (SK)
* **Modellierpaste:** weiß und schwarz
* **Farbpaste:** pflaume, rose, goldgelb, (plum, rose, marigold - alle SK)
* Frosting
* Lebensmittelkleber

ZUBEHÖR

* **Cakeboards:** Hardboard, rund, im gleichen Durchmesser wie der Kuchen
* Ausrollhölzer, 1 mm (LC)
* Foam Pad
* Lineal
* Schneiderädchen
* **Ausstecher:** quadratisch mit 5 cm Seitenlänge, Sterne (Lindy's stylish star cutter set, LC)
* Skalpell
* Pastenextruder mit kleiner Multi-Lochscheibe ("Gras")
* Kegelförmiges Modellierwerkzeug

Lieferantenliste und Abkürzungen auf Seite 142.

MEILENSTEINE

Modellierpaste einfärben

Teile die weiße Modellierpaste in vier Portionen. Lasse einen Teil weiß und färbe die anderen drei in den mit den vorgeschlagenen Farbpasten pflaume, rose und goldgelb ein. Mische diese vier Farben dann miteinander und stelle vierzehn verschiedene Farben im Farbverlauf her, von pflaume über rose bis weiß und dann zu goldgelb, wie hier gezeigt **(A)**. Ich habe an meinem Kuchen zwei bis vier Abstufungen von einer Grundfarbe zur nächsten vorgenommen. Du kannst natürlich mehr oder weniger machen.

Vorbereitung des Doktorhutes

Knete für die Platte des Doktorhutes etwas schwarze Modellierpaste weich. Ist sie sehr trocken und bröselig, dann gib etwas Pflanzenfett und Wasser dazu. Sie soll elastisch, aber fest sein. Rolle sie 1 mm dick aus, am besten zwischen Ausrollhölzern, und stich ein Quadrat von 5 cm aus. Lasse es ein wenig auf der Arbeitsfläche antrocknen, damit es sich nicht verformt, und lege es dann vorsichtig zum Trocknen auf ein Foam Pad.

Tipp

Wenn die Luftfeuchtigkeit sehr hoch ist, dann solltest Du statt Modellierpaste besser Pastillage für den Doktorhut nehmen. Die Paste ist sehr viel fester und hält besser die Form.

A

50

Den Kuchen eindecken

1 Schneide den Minicake auf die Höhe in cm, die er als Durchmesser hat. Wenn Du die Kuchen in einer Multi-Mini-Backform gebacken hast, entspricht der obere Rand der Form der korrekten Höhe. Befestige jeden Kuchen mit etwas Frosting auf einem Hardboard des gleichen Durchmessers.

2 Überziehe den Kuchen mit einer dünnen Schicht Frosting und decke ihn mit dem goldgelben Rollfondant ein, wie im Kapitel Grundlagen beschrieben. Stelle den fertigen Kuchen zum Antrocknen beiseite.

Die Rüschen

1 Beginne am oberen Rand des Kuchens und ziehe eine Linie aus Lebensmittelkleber rund um den Kuchen, diagonal nach unten, bis Du auf der gegenüberliegenden Seite 1 cm über dem unteren Rand ankommst. Ziehe dann eine zweite Linie von dort diagonal nach oben, bis Du am Ausgangspunkt ankommst. Prüfe, ob Deine Linien glatt und symmetrisch um den Kuchen verlaufen und bestreiche die Fläche darunter dann mit Lebensmittelkleber **(B)**. Auf dieser Fläche bringst Du die Rüschen an.

2 Knete die dunkelste goldgelbe Modellierpaste weich und gib etwas Pflanzenfett und Wasser dazu, falls sie zu trocken und bröselig ist. Sie sollte elastisch, aber fest sein. Rolle die Paste zwischen Ausrollhölzern zu einem langen, 1 mm dicken Streifen aus. Schneide mit Hilfe des Lineals und des Schneiderädchens ein 2 cm breites Band aus **(C)**.

3 Lege das Band auf Deine Arbeitsfläche und rolle mit dem kegelförmigen Modellierwerkzeug auf einer Seite hin und her, um das Band auf halber Breite auszudünnen und leicht zu dehnen **(D)**.

Tipp

Rolle die Kante der Modellierpaste und dünne sie aus, bevor Du daraus Rüschen machst. Gerade durch das Ausdünnen sehen Rüschen so attraktiv aus.

51

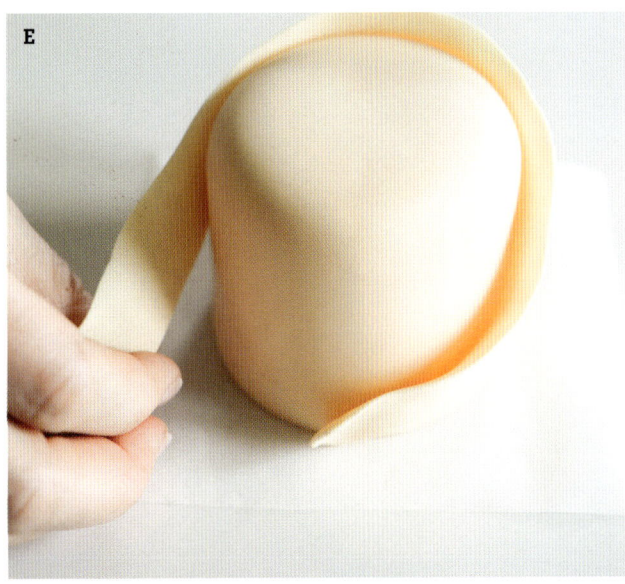

4 Starte am unteren Ausgangspunkt der zuvor gezogenen Linie aus Lebensmittelkleber und wickele das Rüschenband um den Kuchen. Folge dabei der oberen Kleberlinie und befestige daran die dickere Hälfte des Bandes. Die ausgedünnte Rüsche zeigt nach oben und vom Kuchen weg **(E)**. Schneide die überschüssige Länge des Bandes mit einem sauberen senkrechten Schnitt ab.

5 Fertige aus der nächsten Farbe ein zweites Band. Schneide ein Ende dabei diagonal zu, wie in **(F)** gezeigt. Beginne wieder am unteren Ausgangspunkt und lege das Band unterhalb der ersten Rüsche um den Kuchen **(G)**. Schneide das Band am Ende wieder diagonal ab. Lasse die schrägen Enden der Rüsche sich überlappen. Bringe den dünnen oberen Rand der zweiten Rüsche mit den Fingern in Form, damit er Bewegung zeigt **(H)**.

6 Füge weitere Rüschen hinzu, nimm dazu jeweils die nächste Farbe, bis Du mit pflaume endest. Die Länge des Bandes wird von Farbe zu Farbe kürzer. Stelle den Kuchen anschließend zum Antrocknen beiseite.

> " Je älter ich werde, umso mehr wird mir bewusst, wie stark Kleinigkeiten die Welt verändern können. Winzige Kleinigkeiten, aber aus ihnen besteht die Welt.
>
> Sandra Cisneros

Der Doktorhut

1 Forme aus schwarzer Modellierpaste eine Kugel mit 2,5 cm Durchmesser und schneide etwa ein Drittel weg, um eine flache Basis zu schaffen **(I)**. Drücke diese Form zwischen Daumen und Zeigefinger flach, bis sie ein Oval formt. Drücke sie dann mit den Fingern unten zu einem scharfen Rand und forme sie zu einer Art Kappe **(J)**.

2 Rolle die restliche schwarze Modellierpaste dünn aus. Schneide mit dem Skalpell einen 3 mm breiten Streifen aus und befestige diesen mit Lebensmittelkleber am unteren Rand der Kappe. Schneide den Streifen passend ab - die Naht sollte auf der Rückseite liegen.

3 Lege die Kappe oben auf den Kuchen und befestige sie mit Kleber. Lege die vorbereitete schwarze Platte mittig darauf und richte sie nach Deinem Geschmack aus.

4 Knete etwas schwarze Modellierpaste sehr weich. Gib etwas Pflanzenfett dazu und tauche sie in kühles Wasser. Knete sie gut und wiederhole den Vorgang, bis sie sich weich und elastisch anfühlt. Fülle sie dann in den Pastenextruder und setze die kleinste Multi-Lochscheibe ein. Drücke Pastenstränge von etwa 7,5 cm Länge heraus **(K)**.

Tipp

Wenn die Paste nur schwer aus dem Extruder fließt, ist sie nicht weich genug. Knete dann mehr Fett und Wasser unter.

I
J
K

MEILENSTEINE

53

L

5 Nimm den Strang vom Pastenextruder ab und verdrehe die dünnen Stränge an einem Ende miteinander zu einer Quaste **(L)**. Schneide dieses Ende sauber ab und befestige es mit Kleber mittig auf dem Doktorhut, wie es auf dem Foto des fertigen Kuchens zu sehen ist. Schneide die Quaste mit einer kleinen Schere auf eine einheitliche Länge zu. Lege zum Schluss eine kleine Kugel aus schwarzer Paste auf den Quastenansatz.

Die Sterne

1 Rolle etwas goldgelbe Modellierpaste zwischen Ausrollhölzern 1 mm dick aus. Stich mit den beiden kleinsten Ausstechern aus dem Set etwa zehn Sterne aus **(M)**.

2 Bringe die Sterne mit einem Pinsel und Lebensmittelkleber rund um den Doktorhut an.

M

Bücherstapel für Akademiker

Diese Minicake-Variante ist für Akademiker bestimmt, die trotz des Computerzeitalters immer noch ihre Bücher lieben und Zeit in der Bibliothek verbringen. Du kannst die Buchrücken mit dem Namen des Beschenkten dekorieren oder mit Titeln passend zu ihrem Studienfach.

Du benötigst

* **Kuchen:** 5 x 3,5 x 5 cm (L x B x H)
* **Rollfondant:** elfenbeinfarben
* **Modellierpaste:** schwarz, pflaume, altrosa und goldgelb
* **Cakeboard:** rechteckiges Hardboard, passend zur Größe des Kuchens (eventuell aus Leichtschaumplatte zuschneiden)
* **Winkelpalette und Skalpell**
* **Ausstecher:** zum Dekorieren der Buchrücken jeweils die kleinsten aus dem Dreieck-Set (Lindy's equilateral triangle set) und dem persischen Blüten-Set (Persian petals set 1) (beide LC), sowie die Spritztüllen Nr.16 und 3 (PME)
* **Prägestick:** seitliches Design (side design set 2, HP)

1 Stelle den Kuchen auf das Hardboard und decke ihn mit elfenbeinfarbenen Rollfondant ein. Präge mit der Winkelpalette an drei Seiten des Kuchens Linien ein, die die Seiten der Bücher darstellen.

2 Rolle die farbigen Modellierpasten getrennt zwischen Ausrollhölzern 1 mm dick aus, damit die Paste genau die gleiche Stärke hat. Schneide daraus Rechtecke für die Buchrücken aus. Nimm dazu die Abmessungen Deines eingedeckten Kuchens und schneide Streifen von 2 mm Breite für die Kanten der Bücher. Befestige die Buchrücken an der glatten Seite des Kuchens, am unteren Rand beginnend. Der oberste Buchrücken sollte am oberen Kuchenrand 1 mm überstehen.

3 Schneide für den Buchdeckel des obersten Buches ein Rechteck in den Abmessungen Deines Kuchens aus und lege es bündig mit dem Buchrücken auf den Kuchen. Präge mit der Winkelpalette Linien in den Buchdeckel, parallel zum Buchrücken, in 5 mm Abstand zur Kante. Damit wirkt das oberste Buch, als ob man es aufschlagen könnte! Nimm die 2 mm breiten Streifen und befestige sie waagrecht um den Kuchen, damit sie wie die Ränder der Buchdeckel aussehen.

4 Dekoriere die Buchrücken nach Deinem Geschmack. Ich habe Paste geprägt und mit verschiedenen kleinen Ausstechern ausgestochen, aber Du kannst sie auch bemalen oder beschriften. Stelle abschließend einen Doktorhut her, wie im vorigen Projekt beschrieben, und lege ihn auf den Kuchen.

55

Trautes Heim

Ich zeige in meinen Büchern sehr gern Kuchen, die von anderen Künstlern inspiriert wurden. Als ich die großartige farbenfrohe Welt des Friedensreich Hundertwasser entdeckte, eines Künstlers und Architekten aus Österreich, wusste ich, dass ich einen Kuchen in seinem Stil entwerfen musste. Wenn Du noch nie von Hundertwasser gehört hast, empfehle ich Dir, nach ihm zu schauen – Du wirst mit Sicherheit hingerissen sein! Ich war so angetan von seiner Art, leuchtende Farben und geschwungene natürliche Formen zu verwenden, dass mir dieser kleine Kuchen sehr viel Freude gemacht hat. Vielleicht regt Hundertwasser Dich ja zu ganz anderen Ideen an. Zögere nicht, meinen Entwurf frei nach Deinem Geschmack zu verändern.

Eine bunte stilisierte Landschaft auf einem Teller aus Spanien

Der runde Schnitt gibt diesen Bäumen eine entzückende "Lollipop"-Form

Vogelhäuschen auf dem Weihnachtsmarkt in Düsseldorf

Dieses kleine Haus wurde aus einfachen Formen zusammengefügt

Trautes-Heim-Cake

Das Motto für den Kuchen im Stil von Hundertwasser ist ein neues Zuhause – ich fand das sehr passend. Dafür habe ich ein einfaches Haus in eine Landschaft à la Hundertwasser gestellt, für die ich einfach geprägte Paste bemalt habe. Für die stilisierten Bäume wurden Scheiben konzentrisch aufeinandergelegt - verblüffend einfach nachzustellen.

Du benötigst

MATERIAL

* **Kuchen:** Minicake mit 7,5 cm Durchmesser
* **Rollfondant:** hellrosa und dunkelblau mit einem Hauch violett
* **Frosting**
* **Modellierpaste:** hellgrün, dunkelblau mit einem Hauch violett, pink, rot, dunkelorange und hellorange
* **Farbpaste:** eine Auswahl in pink, violett, rot, orange und grün
* **Lebensmittelkleber**

ZUBEHÖR

* **Cakeboards:** rundes Hardboard im gleichen Durchmesser wie der Kuchen
* **Vorlage für das Haus** (siehe Seite 60)
* **Ausrollhölzer:** 1 mm und 5 mm (beide LC), und 2 mm – Schaschlik-Spieße eignen sich sehr gut dafür
* **Zwei Glätter**
* **Schneiderädchen**
* **Pinsel**
* **Skalpell**
* **Ausstecher:** rund 8,5 cm, 4,3 cm, 3,6 cm, 3 cm, 2,3 cm; Spritztülle Nr.18 (PME)
* **Abdeckmatte, bzw. Abdeckfolie**
* **Winkelpalette**

Lieferantenliste und Abkürzungen auf Seite 142.

Kuchen eindecken und bemalen

1 Schneide den Minicake auf die Höhe in cm, die er als Durchmesser hat. Befestige jeden Kuchen mit etwas Frosting auf einem Hardboard des gleichen Durchmessers. Überziehe nur die Seiten des Kuchens mit einer dünnen Schicht Frosting.

2 Knete den hellrosafarbenen Rollfondant weich und rolle ihn zwischen Ausrollhölzern 5 mm dick aus. Drehe die Paste um und schneide eine Längsseite gerade. Lege den Kuchen so auf die Paste, dass sein oberer Rand bündig auf der geraden Schnittkante aufliegt. Rolle den Kuchen in die Paste ein **(A)**.

3 Schneide die Pastenenden an der Naht sauber ab und glätte den Spalt mit der Wärme Deiner Finger. Schneide als nächstes die überschüssige Paste unterhalb des Hardboards mit einer Winkelpalette bündig ab **(B)**. Stelle den Kuchen aufrecht.

Tipp

Du kannst Nahtstellen in Pasten ganz leicht verbergen, wenn Du Teile der Dekoration darauf anbringst.

A

> Das Zuhause sollte ein Schatzkästchen des Lebens sein.

Le Corbusier

MEILENSTEINE

4 Rolle den dunkelblauen Rollfondant zwischen Ausrollhölzern 5 mm dick aus und stich eine Scheibe mit dem passenden Ausstecher aus. Für den Kuchen in 7,5 cm benötigst Du den Ausstecher mit 8,5 cm Durchmesser. Bestreiche die Oberseite des Kuchens mit Frosting. Lege dann die blaue Pastenscheibe so darauf, dass sie bündig an den hellrosa Rollfondant anstößt. Falls nötig, korrigiere die Position mit Glättern **(C)**.

5 Arbeite zügig und präge die waagrechten, wellenartigen Linien frei Hand in den Kuchen, bevor der Rollfondant trocken wird. Ziehe dazu das Schneiderädchen durch den Fondant. Starte am unteren Kuchenrand und verändere im Verlauf der Arbeit die Breite jedes Bandes. Achte darauf, dass die Linien sich nicht überschneiden. Es soll der Eindruck einer hügeligen Landschaft entstehen **(D)**.

Tipp

Das Prägen der Linien fällt Dir vielleicht leichter, wenn Du den Kuchen auf Augenhöhe hast.

6 Wenn Du mit der Prägung zufrieden bist, setze noch ein paar zusätzliche Akzente. Drücke mit dem Ende eines Pinsels dazu Punktreihen in die breiteren Bandabschnitte **(E)**. Stelle den Kuchen zum Antrocknen beiseite, bevor Du fortfährst.

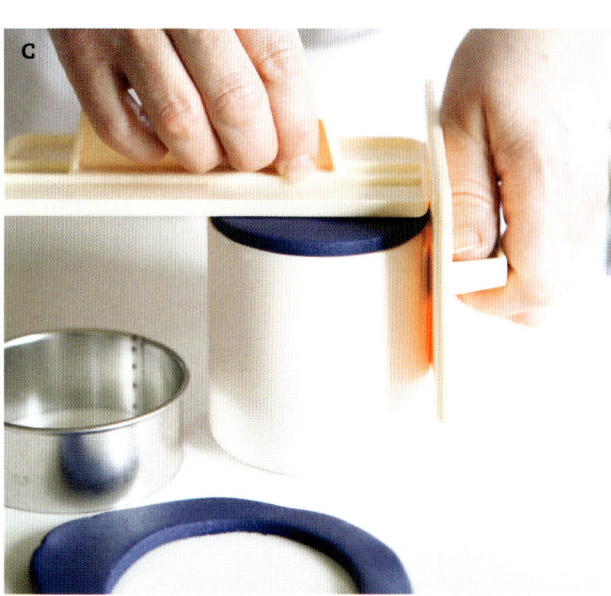

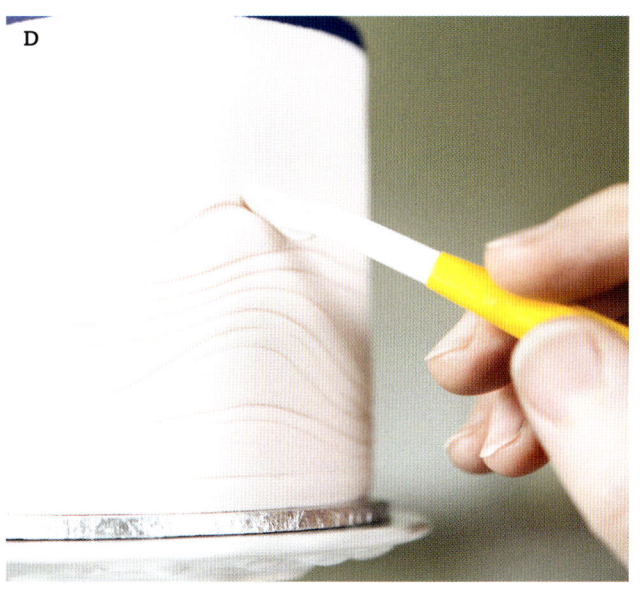

Die Bemalung

1 Verdünne die Farbpasten mit unterschiedlichen Mengen Wasser oder Alkohol. Beginne mit der ersten Farbe im untersten Band des Kuchens und variiere die Intensität des Farbauftrages. Färbe auch die Linie oberhalb des Bandes ein, um so die Struktur der Paste zu unterstreichen.

2 Nimm für das nächste Band eine andere Farbe. Fahre fort, den Kuchen bis zum oberen Rand zu bemalen **(F)** und wähle die Farben sorgfältig aus – Du kannst Dich dabei am Foto des fertigen Kuchens orientieren. Achte darauf, dass auch jeder Punkt bemalt wird, um ihn sichtbar herauszustellen. Wenn Du fertig bist, lasse alles gut trocknen.

Tipp
Wenn Du zu viel Farbe aufgetragen hast oder eine andere Farbe nehmen möchtest, entferne die Farbe vom Kuchen einfach mit einem sauberen feuchten Pinsel.

Das Haus

1 Fertige zwei Kopien der Hausvorlage (siehe unten) an. Schneide aus einer Vorlage Tür und Dach vorsichtig aus, die Fensterläden aus der anderen.

2 Rolle Modellierpaste in pink, rot und dunkelorange getrennt voneinander 2 mm dick aus. Lege die Vorlage (*Haus ohne Tür und Dach*) auf die pinkfarbene Paste und schneide das Haus entlang der Ränder einfach mit einem Skalpell aus **(G)**. Entferne die überschüssige Paste, lasse aber das Haus liegen. Schneide die Tür aus roter Paste aus und lege sie in die entsprechende Lücke. Passe sie gut ein und streiche mit dem Finger über die Naht, um die beiden Pasten zu verbinden. Hebe das Haus vorsichtig hoch und befestige es am abgetrockneten bemalten Kuchen mit Lebensmittelkleber.

Vorlage für das Haus

F

G

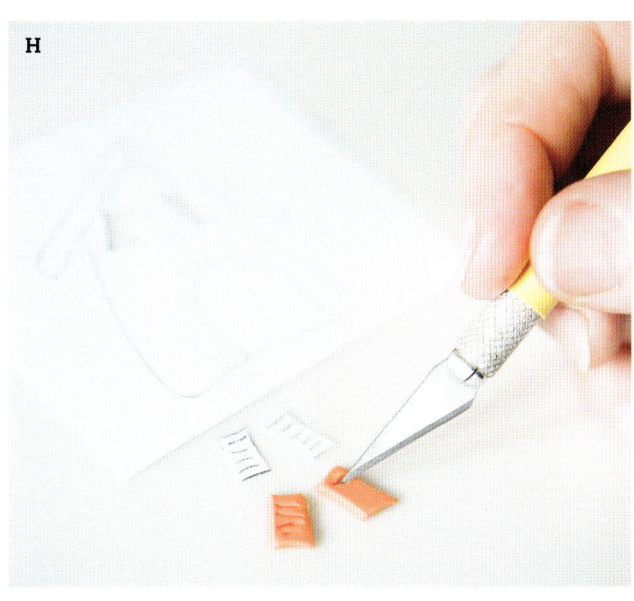

3 Stich mit der kleineren Öffnung der Tülle Nr. 18 das runde Fenster vorsichtig aus und entferne die Paste. Ersetze das Fenster durch eine Scheibe gleicher Größe, ausgestochen aus sehr dünn ausgerollter dunkelblauer Paste.

4 Schneide das Dach aus dunkelorangefarbener Modellierpaste aus und befestige es an seinem Platz. Abschließend rollst Du hellorangefarbene Paste dünn aus und schneidest die Fensterläden aus. Präge Linien mit dem Skalpell in jeden Laden **(H)**. Bringe sie an ihrem Platz an. Rolle etwas restliche Paste zu einer Kugel und befestige sie als Türknopf.

> Kleine Dinge verstehen es,
> große zu übertreffen.
>
> Sonya Levien

Bäume und Himmel

1 Rolle die Hälfte der grünen Paste 2 mm, die zweite Hälfte 1 mm dick aus. Stich mit den runden Ausstechern und beiden Öffnungen der Spritztülle Scheiben aus. Mindestens eine Scheibe in 4,3 cm benötigst Du für den größten Baum. Verwende die dickere Paste (2 mm) jeweils für die größte, untere Scheibe, die dünnere Paste (1 mm) für die kleineren. Lasse alle Teile ein wenig auf der Arbeitsfläche ruhen und antrocknen, damit sie sich beim Zusammensetzen nicht verformen.

2 Stapele die Scheiben zu Bäumen verschiedener Größe auf Deiner Arbeitsfläche **(J)**, und lege sie mittig aufeinander. Befestige sie mit Kleber am Kuchen, den größten Baum neben dem Haus, den Kuchen stolz überragend.

3 Rolle für die Baumstämme dunkelblaue Modellierpaste 2 mm dick aus und schneide sie mit Hilfe von Lineal und Skalpell in 5 mm breite Streifen. Bringe unter jedem Baum einen passenden Stamm an und schneide diesen auf die richtige Länge zu.

4 Verdünne für die Fertigstellung der Bäume grüne Farbpaste mit Wasser oder Alkohol und bemale damit die Baumscheiben, um sie zu betonen und hervorzuheben **(K)**.

5 Abschließend rollst Du die restliche dunkelblaue Modellierpaste 1 mm dick aus und schneidest daraus einen 8 mm breiten Streifen zu. Streiche etwas Lebensmittelkleber um den obersten Rand des Kuchens. Beginne dann auf einer Seite des größten Baumes und wickele den blauen Streifen rund um den Kuchen. Gib ihm etwas Bewegung – lasse ihn leicht wellenförmig fließen, nicht exakt waagrecht – wie auf dem Foto gezeigt **(L)**. Schneide den Streifen auf beiden Seiten des Baumes mit dem runden Ausstecher von 4,3 cm ab, damit er genau an der großen Baumscheibe anliegt.

Lasst den Drachen steigen!

Beim Anblick von Hundertwassers Landschaften erinnerte ich mich daran, wie ich mit meinen Kindern Drachen steigen ließ, hoch über den Chiltern Hills inmitten der hügeligen Landschaft. Hier ist nun die Variante zum Hauptprojekt.

Du benötigst

* **Kuchen:** Minicake 7,5 cm rund
* Rollfondant, Modellierpaste und Farbpasten wie für das Hauptprojekt angegeben, plus etwas schwarzer Modellierpaste
* Kleine Menge dunkelblauen Royal Icings
* **Cakeboard:** Hardboard, rund, gleiche Größe wie der Kuchen
* Ausrollhölzer, 1 mm (LC)
* Vorlage: Drachen
* Schneiderädchen
* Spritztülle Nr. 1 PME
* Pastenextruder
* Skalpell

1 Rolle die pinkfarbene Modellierpaste zwischen Ausrollhölzern 1 mm dick aus. Lege die Vorlage darauf und schneide den Drachen sauber am Rand entlang mit dem Skalpell aus. Lasse es sorgfältig durchtrocknen.

2 Decke den Minicake ein und bemale ihn wie beschrieben. Bringe auch das blaue Band am oberen Rand an.

3 Rolle kleine Mengen hellgrüner, dunkelorangefarbener und roter Modellierpaste 1 mm dick aus und schneide in jeder Farbe Streifen aus, je 2 cm lang, 3 mm breit. Schlage die Enden jedes Streifens zur Mitte hin um, um so eine Schleife zu formen. Befestige den Drachen mit einem kleinen Klecks blauen Icings auf dem Kuchen und stütze ihn während des Trocknens ab. Bringe dann die Schleifen an.

4 Knete für die Schnur etwas schwarze Modellierpaste sehr weich. Dazu gibst Du etwas Pflanzenfett zur Paste und tauchst sie in kühles Wasser. Knete sie gut durch. Wiederhole dies, bis die Paste wirklich weich und elastisch ist. Fülle sie in den Pastenextruder und setze die Tülle Nr. 1 statt einer Lochscheibe ein. Drücke zwei Pastenstränge auf Deine Arbeitsfläche. Befestige sie mit Hilfe eines Pinsels am Drachen, wie bei dem fertigen Kuchen gezeigt.

5 Stelle zum Schluss noch zwei Quasten aus hellgrüner Paste mit dem Pastenextruder her und befestige sie am Drachen.

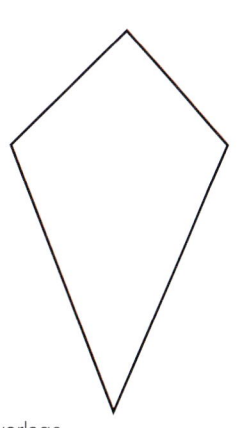

Drachenvorlage

63

Ganz in Weiß

Heutzutage verbinden die meisten von uns Hochzeiten mit der Farbe Weiß, aber das war nicht immer so. Diese Tradition wird auf Königin Viktoria zurückgeführt, die als erste ein weißes Kleid mit handgearbeiteten Spitzenornamenten zu ihrer Hochzeit im Jahr 1840 trug. Das wurde damals als recht ungewöhnlich angesehen, denn es war üblich, farbige Kleider zu tragen. Nach dem Vorbild Königin Viktorias trugen dann vermögende, modische Bräute ebenfalls weiß, aber es dauerte noch bis nach dem Zweiten Weltkrieg, bis sich dieser Brauch vollständig einbürgerte. Dazu trugen die glamourösen Hollywood-Filme bei und der zunehmende Wohlstand.

Hübsche Pflaumenblüte, der perfekte Hintergrund für eine Hochzeit im Frühling

Morgentau auf einer zarten Kamelien-Blüte

Weißer Hochzeitskuchen

Hochzeiten sind ganz besondere Ereignisse, deshalb habe ich ein paar sehr moderne kleine Kuchen ganz in Weiß gestaltet. Für das Hauptprojekt werden weiße Rosen mit Blättern, kleinen Blüten und kleinen modellierten weißen Herzen kombiniert. Die einfachere Variante trägt ein großes weißes Herz. Die Seiten der Kuchen werden mit weißen dünnen Schnüren dekoriert, hergestellt mit dem Pastenextruder. Stelle einen Kuchen als Geschenk her oder vereinfache die Dekoration und gib jedem Gast einen Kuchen.

Du benötigst

MATERIAL

* **Kuchen:** Minicake mit 6,5 cm Durchmesser
* **Rollfondant:** weiß
* Frosting
* **Modellierpaste:** weiß
* **Blütenpaste:** weiß
* Lebensmittelkleber
* essbares Farbglanzpulver: weiß (snowflake)
* weiße Nonpareilles

ZUBEHÖR

* **Cakeboard:** Hardboard, rund, in Kuchengröße
* **Ausstecher:** Blumen (Lindy's large flat floral cutter, LC), Rosenblatt (rose leaf cutter set, FMM), fünfblättrige Blüte, 3 cm (five-petal flower cutter, PME), spitze Ovale (Lindy's pointed oval cutters, LC)
* Styroporblock
* Ausrollhölzer, 5 mm (LC)
* Scriber (PME)
* Zahnstocher
* Ball Tool
* Pastenextruder
* Spritztülle Nr. 1,5 (PME)
* Doppelseitige Silikonprägeform Rosenblatt (GI)
* Blütenformer (optional)
* Silikonform Herzen (AM)
* Foam Pad mit Vertiefungen (PME)
* Abdeckmatte, Abdeckfolie
* Weicher Puderpinsel
* Pinsel
* Stecknadeln
* Winkelpalette

Lieferantenliste und Abkürzungen auf Seite 142.

Rosenknospen

1 Stelle diese im Voraus her, damit sie gut durchtrocknen können. Rolle weiße Modellierpaste in Deiner Hand zu einer Kugel und lege Deinen Zeigefinger dann auf eine Seite. Rolle die Kugel hin und zurück, bis Du einen Kegel geformt hast.

Tipp

Der Kegel sollte genauso lang sein wie die Blütenblätter des großen Ausstechers (large flat floral cutter).

2 Stecke einen Zahnstocher von unten in den Kegel **(A)** und drücke ihn dann in einen Styroporblock. Stelle so viele Kegel her wie benötigt. Lasse sie vollständig durchtrocknen.

A

Den Kuchen eindecken und die Schnüre anbringen

1 Schneide den Minicake auf die Höhe in cm, die er als Durchmesser hat. Befestige jeden Kuchen mit etwas Frosting auf einem Hardboard des gleichen Durchmessers.

2 Überziehe den Kuchen mit einer dünnen Schicht Frosting und decke ihn mit weißem Rollfondant ein, wie im Kapitel Grundlagen beschrieben.

3 Schneide aus Papier eine runde Vorlage in der Größe der Oberseite Deines Kuchens aus. Falte das Papier dreimal je zur Hälfte und öffne es wieder – es sollte jetzt in acht gleich große Dreiecke aufgeteilt sein. Lege die Vorlage oben auf den Kuchen und befestige sie mit einer Stecknadel. Markiere mit dem Scriber den Endpunkt jeder Falte auf dem Kuchen rund um die Vorlage **(B)**.

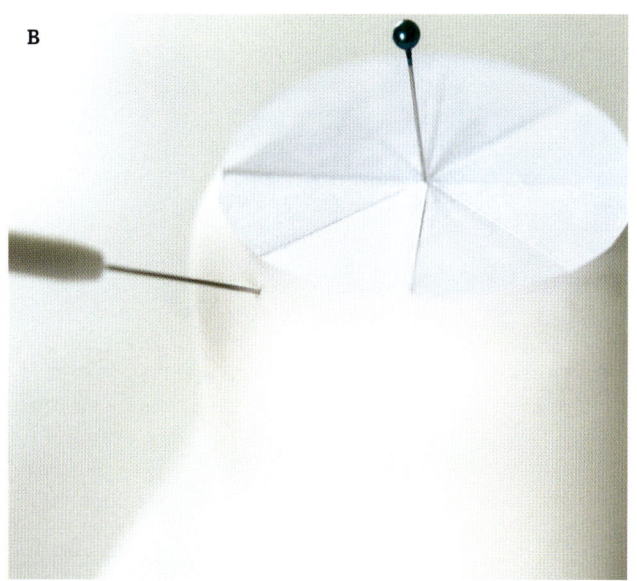

4 Knete für die Schnüre etwas Modellierpaste sehr weich. Gib zuerst etwas Pflanzenfett dazu und tauche sie dann in kühles Wasser. Verknete alles gut. Wiederhole dies solange, bis die Paste sehr weich und elastisch ist.

5 Fülle die Paste in den Pastenextruder und setze die Tülle Nr. 1,5 statt einer Lochscheibe ein. Drücke Pastenstränge von 15 und 20 cm Länge auf Deine Arbeitsfläche **(C)**. Wenn die Paste nicht leicht fließt, ist sie nicht weich genug. Du benötigst etwa 28 kurze und 24 längere Stränge, aber ich empfehle Dir, ein paar als Reserve herzustellen, falls etwas reißt. Lasse die Stränge auf Deiner Arbeitsfläche leicht fest werden, damit sie beim Aufnehmen nicht reißen.

6 Bestreiche die Oberseite des eingedeckten Kuchens mit Lebensmittelkleber. Lege das Ende eines längeren Stranges über eine der Markierungen und drapiere den Strang an der Seite des Kuchens, bis sein tiefster Punkt 3 cm über dem unteren Kuchenrand liegt. Lege das zweite Ende dann auf die übernächste Markierung, d. h. der drapierte Strang befindet sich auf einem Viertel des Kuchens.

7 Lege fünf weitere Stränge daneben **(D)**, jeder ein wenig kürzer als der vorhergehende, und lege ein paar davon über Kreuz, so wie hier gezeigt.

Wir können nicht alle Großes vollbringen, aber wir können kleine Dinge mit großer Liebe tun.

Mutter Teresa, Kalkutta

8 Lege zuerst auf der gegenüberliegenden Seite des Kuchens fünf Stränge auf. Danach bringst Du die Schnüre an den beiden Seiten an. Lege dabei die Enden der Stränge auf die beiden ersten. Die verbleibenden vier Schnurbündel arbeitest Du genauso, aber mit den kürzeren Strängen **(E)**. Lege sie überlappend auf die ersten vier und orientiere Dich an den Markierungen, um die richtige Position zu treffen **(F)**.

Die Herzen

1 Knete ein wenig Modellierpaste weich und forme sie zu einer Kugel von 1,5 cm Durchmesser. Lege sie in die 1,5 cm hohe Mulde der Silikonform, mit einer perfekt glatten Fläche nach unten. Drücke die Paste fest in die Form. Streiche dann mit den Fingern am Rand der Form entlang, um die Mulde gut mit Paste zu füllen **(G)**.

Tipp

Es ist wichtig, dass die Fläche der Paste, die Du in die Form drückst, absolut glatt ist. Sollte sie kleine Risse haben, sieht man diese sonst auf dem fertigen Teil.

2 Entferne überschüssige Paste mit der Winkelpalette, damit die Rückseite des geformten Teils eben ist. Biege die Form vorsichtig, um die Paste herauszulösen.

Die Rosen

Stelle jeweils eine offene und eine halb-geöffnete Rose nach der folgenden Anleitung her:

1 Rolle die weiße Blütenpaste sehr dünn aus. Stich eine fünfblättrige Form mit dem großen Ausstecher (flat floral cutter) aus, drehe sie um und lege sie auf ein Foam Pad. Dünne die Schnittränder mit dem Ball Tool aus, indem Du es halb auf der Paste und halb auf dem Pad über die Ränder rollst **(H)**. Die Ränder werden dabei leicht gewellt.

Tipp

Für diese Blüten sollte die Paste fast durchsichtig sein, sodass Du Dein Arbeitsboard durchschimmern sehen kannst.

2 Drehe die Paste erneut um und lege die Mitte der Blüten-form über eine Mulde des Foam Pads. Bestreiche eines der Blütenblätter (*Blatt 1*) mit Lebensmittelkleber und stecke einen der trockenen Kegel mit dem Zahnstocher in die Mitte der Blüte. Wickele das eingestrichene Blatt spiralförmig eng um den Kegel und achte darauf, dass man die Kegelspitze nicht mehr sieht **(I)**.

3 Fahre gegen den Uhrzeigersinn fort und streiche Blatt 3 und 5 zur Hälfte mit Kleber ein. Wickele Blatt Nr. 3 um den Kern der Rose und lasse es oben etwas abstehen. Schiebe den Rand von Blatt Nr. 5 unter Blatt Nr. 3 und befestige es dann auch um den Kegel **(J)**. Abschließend bestreichst Du Blatt Nr. 2 und 4 zur Hälfte mit Lebensmittelkleber und wickelst sie um die anderen Blütenblätter **(K)**.

4 Stich ein weiteres fünfblättriges Blütenblatt aus und bereite es wie das erste vor. Bestreiche dann je eine Seite jedes Blütenblattes und die Mitte mit Lebensmittelkleber.

5 Dann stecke den Zahnstocher wieder durch die Mitte des grossen Blütenblattes und drehe die ganze Blume kopfüber. Arrangiere die einzelnen Blütenblätter überlappend und befestige sie. Die Paste sollte etwas fest geworden sein, bevor Du die Rose wieder umdrehst und sich die Blütenblät-ter ein wenig öffnen (= halbe Rose).
.

6 Die dritte Lage Blütenblätter dünnst Du mit einem Zahnstocher aus, den Du rechtwinklig zur Mitte hin auf dem Rand hin und her rollst **(L)**.

7 Drehe die Paste um und höhle die Mitte jedes Blattes mit dem Ball Tool etwas aus. Streiche den unteren Rand jedes Blattes mit Lebensmittelkleber ein und stich dann den Zahnstocher mit der halb-geöffneten Rose durch die Mitte des großen Blattes. Drehe die Blume kopfüber und lasse die Blütenblätter in eine natürliche Position fallen. Befestige sie mit den eingestrichenen Bereichen an ihrem Platz. Die Blume sollte ein paar Minuten kopfüber hängen, bevor Du sie wieder umdrehst und die Blütenblätter sich leicht öffnen – wenn Du sie zu früh umdrehst, ist die äußere Lage noch nicht fest genug und wird herunterrutschen.

Die Blätter

Stelle etwa sechs Rosenblätter in unterschiedlichen Größen und acht bis zehn kleine Blätter wie folgt her:

1 Rolle weiße Blütenpaste oder feste Modellierpaste dünn aus und stich mit den passenden Ausstechern Rosenblätter und kleine spitze ovale Blätter aus. Lege sie unter eine Abdeckmatte oder –folie, damit sie nicht austrocknen.

2 Lege einige wenige Blätter auf das Foam Pad. Dünne die Blattränder mit dem Ball Tool aus, indem Du es halb auf der Paste und halb auf dem Pad über die Ränder rollst.

3 Lege ein Blatt dann in die doppelseitige Prägeform, drücke sie fest zusammen und löse das geprägte Blatt heraus **(M)**. Jetzt siehst Du, ob Deine Paste dünn genug ausgerollt war. Sieht das Blatt fleischig aus, war sie zu dick. Ist das Blatt beim Prägen auseinandergefallen, war sie zu dünn.

4 Lege die geprägten Blätter auf Noppenschaumstoff, Blütenformer oder zerknülltes Küchenpapier und lasse sie in einer natürlichen Form leicht antrocknen.

Die Blüten

1 Rolle etwas weiße Modellierpaste dünn aus und stich drei Blüten mit dem fünfblättrigen Ausstecher aus. Lege sie auf das Foam Pad. Drücke dann das Ball Tool in die Mitte jedes einzelnen Blütenblattes und schiebe es zur Mitte hin. Damit drückst Du eine Wölbung in die einzelnen Blütenblätter.

2 Damit die Blüten ihre gewölbte Form behalten, legst Du sie in einen Blütenformer und lässt sie etwas trocknen.

Tipp

Es gibt fertige Blütenformer in verschiedenen Größen zu kaufen, aber Du kannst sie Dir ganz einfach selbst anfertigen. Lege dazu Folie nach innen gewölbt über einen runden Ausstecher, eine Tasse, ein Glas oder einen anderen runden Gegenstand.

3 Für die Blütenkerne rollst Du kleine Kugeln aus Modellier-paste. Lege sie in die Mitte der Blumen und bestreiche sie mit Lebensmittelkleber. Streue weiße Nonpareilles darüber, warte kurz und drehe die Blüten dann um, damit über-schüssige Kügelchen herausfallen. Korrigiere mit einem Pin-sel die Position der Zuckerkügelchen, damit die Blütenmitte vollständig damit bedeckt ist **(N)**. Drücke sie leicht an.

Die Dekoration anbringen

1 Stelle aus restlicher Modellierpaste eine kleine Kuppel her. Lege sie oben auf den Kuchen und bestreiche sie mit Lebensmittelkleber. Drehe die Zahnstocher leicht in den Rosen, damit Du sie herausziehen kannst. Ordne jetzt die Rosen, Blüten, Blätter und Herzen nach Geschmack auf der Kuppel an **(O)**. Du kannst Dich dabei am Foto des fertigen Kuchens orientieren.

2 Für einen Hauch Romantik und Glamour kannst Du etwas zarten Glanz mit dem Farbglanzpulver und einem weichen Puderpinsel auf die Blüten auftragen.

Kuchen mit Herz

Für diesen einfacheren Kuchen habe ich drei Techniken verwen-det, die bereits zuvor beim Haupt-projekt beschrieben wurden. Er soll Dir zeigen, welche weiteren Möglichkeiten Du hast. Für das Herz habe ich die größte Mulde in der Silikonform verwendet und es mit Nonpareilles dekoriert. Ich bin sicher, Du wirst meine Entwürfe anpassen und zu eigenen Kreatio-nen abwandeln, wenn Du sie erst einmal ausprobiert hast.

Teddy aus der Box

Teddybären sind die Lieblinge aller Kinder: Sie werden geliebt, bis sie zerfleddert sind, in allen Größen und Formen, vom winzigen Teddy am Schlüsselbund bis hin zum Kuschelbären, den nur Erwachsene wirklich umarmen können. Teddys mit weichem Plüschfell, das gestreichelt werden will und kostbare Teddy-Antiquitäten mit spitzen Schnauzen und stehenden Ohren – die meisten von uns hatten irgendwann einen ganz besonderen Bären, der uns ans Herz gewachsen war und den wir nie vergessen. Dieser unwiderstehliche kleine Bär kann so verändert werden, dass er dem Lieblingsteddy gleicht, und die Gestaltung der Box in Farben und Muster kannst Du nach Deinen Ideen ebenfalls verändern.

Das Alter dieses handgearbeiteten und sehr geliebten Teddys erkennt man an den reparierten Pfoten und den schielenden Augen.

Diesen zauberhaften süßen Teddy lieben alle!

Der treue Gefährte meiner Tochter, der uns überallhin begleitete, als sie ein kleines Mädchen war.

Teddy-Überraschungs-Cake

Dieser zauberhafte Teddy, der aus seiner Box schaut, ist das ideale Geschenk für jeden Teddy-Liebhaber. Die Seitenwände werden individuell hergestellt und einfach rund um den darunterliegenden Kuchen angebracht. Der Kuchen kann für jeden Anlass ganz einfach entsprechend angepasst werden.

KINDHEIT

Du benötigst

MATERIAL

* **Kuchen:** Minicake, Schokolade, in Würfelform mit 6,5 cm Seitenlänge
* **Rollfondant:** weiß und braun
* **Schokoladenganache**
* **Modellierpaste:** braun, weiß, violett, pfirsichfarben, rot, dunkelrosa, hellrosa, hellbraun und sehr dunkelbraun
* **Pastillage**
* **Lebensmittelkleber**
* **Royal Icing,** zum Zusammenfügen des Deckels

ZUBEHÖR

* **Cakeboard:** Hardboard, quadratisch, in gleicher Größe wie der Kuchen
* **Wachspapier**
* **Foam Pad**
* **2 Glätter**
* **Ausrollhölzer:** 1 mm und 5 mm (beide LC)
* **Ball Tool**
* **Dresden Tool**
* **Skalpell**
* **Lineal**
* **Abdeckmatte, Abdeckfolie**
* **Pastenextruder mit kleiner Multi-Lochscheibe und kleiner quadratischer Scheibe**
* **Winkelpalette**

Lieferantenliste und Abkürzungen auf Seite 142.

Den Kuchen eindecken

1 Schneide Deinen Minicake zu einem geraden glatten Würfel. Lege ihn auf ein Hardboard der gleichen Größe.

2 Überziehe Deinen Kuchen mit einigen Schichten Schokoladenganache; die Techniken werden im Kapitel Grundlagen beschrieben. Achte darauf, dass alle Ecken gerade sind und dass die Ganache fest ist, bevor Du fortfährst.

Tipp

Ich habe hier einen festen Schokoladenkuchen und Ganache gewählt, damit der Kuchen stabil genug ist, das Gewicht des Teddys zu tragen. Alternativ kannst Du auch Früchtekuchen und Marzipan verwenden.

3 Knete den weißen Rollfondant weich und rolle ihn zwischen Ausrollhölzern 5 mm dick aus. Hebe die Paste vorsichtig hoch und lege sie mit der Oberseite nach unten auf Wachspapier.

4 Lege den Kuchen mit der Seite auf den Rollfondant und schneide die überschüssige Paste rund um den Kuchen weg. Führe die Winkelpalette dabei bündig zum Kuchen, damit der Schnitt gerade verläuft **(A)**. Wiederhole dies für die anderen drei Seiten und abschließend für die Oberseite.

A

5 Stelle den Kuchen in eine aufrechte Position und glätte den weichen Rollfondant mit den Glättern, damit alle Seiten blasen- und beulenfrei sind, genau senkrecht stehen und alle Ecken und Kanten gerade und scharf sind **(B)**.

Tipp

Glätter sind die besten Helfer, um gerade Seiten mit scharfen Kanten zu erhalten.

Seiten und Deckel der Box

1 Miss die Seiten Deines Kuchens aus und schneide aus Papier eine rechteckige Vorlage aus – dabei gibst Du bei der Höhe 1,5 cm für den Überstand dazu. Dann miss die Oberseite der Box aus und schneide für den Deckel eine Vorlage aus, die 6 mm länger und breiter ist als die Oberseite. Für die schmalen Seiten des Deckels schneidest Du eine Vorlage zu, die genauso lang ist wie der Deckel und 2 cm breit.

2 Rolle die Pastillage zwischen Ausrollhölzern 1 mm dick aus und schneide mit dem Skalpell vier Seitenwände für die Box, einen Deckel und vier Deckelseiten aus **(C)**. Hebe jedes Teil vorsichtig hoch, ohne es zu verformen und lege es zum Durchtrocknen auf ein Foam Pad.

Tipp

Am besten trocknet die Pastillage in einem belüfteten Schrank. Oder in einem warmen, aber abgeschalteten Ofen – Du willst nur die Feuchtigkeit aus der Paste entfernen.

3 Sobald die Pastillage vollständig getrocknet ist, kannst Du grobe Kanten mit einer Nagelfeile oder feinem Sandpapier abschleifen.

Dekoration der Box

1 Knete alle farbigen Modellierpasten weich und gib notfalls etwas Pflanzenfett und Wasser dazu, falls sie zu fest und bröselig sind. Die Paste soll elastisch, aber fest sein. Rolle jede Farbe einzeln zwischen Ausrollhölzern 1 mm dick aus. Dadurch werden alle Streifen gleich dick und das fertige Muster sieht glatt und einheitlich aus.

2 Schneide mit Hilfe eines Lineals und des Skalpells Streifen in unterschiedlicher Breite aus jeder farbigen Paste aus **(D)**. Lasse sie auf Deiner Arbeitsfläche etwas antrocknen, bevor Du sie mit einer Abdeckmatte vor weiterem Austrocknen schützt.

3 Nimm Dir eine getrocknete Seitenwand aus Pastillage. Zeichne Dir wie folgt Hilfslinien auf: Ziehe einen Bleistiftstrich in der Mitte der Paste über die ganze Länge, um die Seitenwand zu halbieren. Falte dann eine Papiervorlage der Länge nach zur Hälfte und falte die beiden oberen Ecken um, so dass sie auf die mittlere Falte treffen. Lege das Papier auf die Pastillage und zeichne Linien entlang der beiden Falten auf die Paste, wie hier gezeigt **(E)**. Jetzt kannst Du Deine Streifen ganz akkurat auflegen, um das abstrakte Zackenmuster nachzuarbeiten.

4 Bestreiche eine Hälfte der Pastillage-Seite mit Lebensmittelkleber. Lege die zugeschnittenen Streifen aus Modellierpaste auf den Kleber und richte sie an den Hilfslinien aus. Wechsele dabei die Farben und Breiten ab **(F)**.

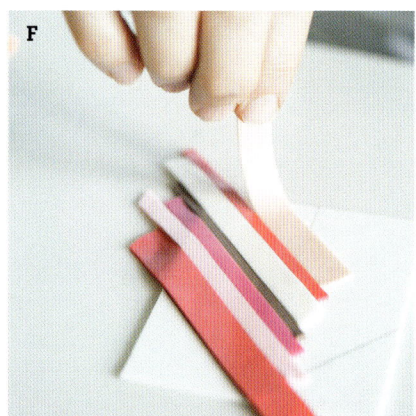

5 Schneide die Paste an der senkrechten Naht des Musters sauber mit Lineal und Skalpell ab **(G)**, und orientiere Dich dabei an der mittleren Hilfslinie. Drehe die Pastillage um und schneide die Paste an der äußeren Kante mit dem Skalpell sauber ab **(H)**. Du erhältst eine schärfere saubere Kante, wenn Du sie von dieser Seite abschneidest. Drehe die Seitenwand wieder um und drücke die Streifen, falls erforderlich, mit einem Glätter wieder an.

6 Lege Deine Papiervorlage für die zweite Hälfte der Seite unter Deine Abdeckmatte und verwende sie als Hilfe, um ein Ende jedes Streifens schräg abzuschneiden, bevor Du ihn auf die zweite Hälfte der Seitenwand legst – siehe hier **(I)**. Fülle die zweite Hälfte der Seitenwand mit Streifen wie zuvor und schneide die überschüssige Paste dann von der Rückseite her ab. Wiederhole das Ganze für die drei restlichen Seitenwände. Befestige alle Seitenwände schließlich am Kuchen und prüfe, ob sie alle passen, gerade und im rechten Winkel zueinander stehen.

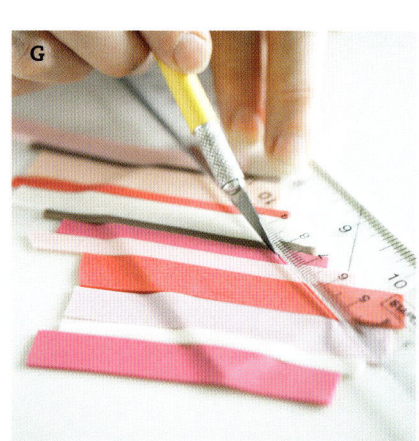

7 Knete zum Abdecken aller Kanten etwas pfirsichfarbene Modellierpaste, bis sie sehr weich ist. Gib zuerst etwas Pflanzenfett dazu und tauche sie dann in kühles Wasser. Verknete alles gut. Wiederhole dies, bis die Paste weich und elastisch ist. Fülle sie in den Pastenextruder und setze die kleine quadratische Lochscheibe ein. Drücke acht Pastenstränge heraus **(J)** und lasse sie kurz auf Deiner Arbeitsfläche liegen, damit sie etwas fester werden.

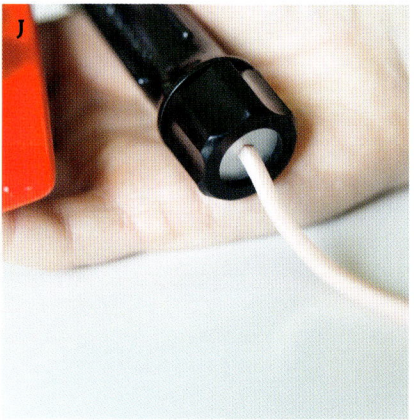

8 Streiche ein wenig Lebensmittelkleber auf die senkrechten Spalten an jeder Ecke und um den oberen Rand. Lege in jeden Spalt einen pfirsichfarbenen Strang, bündig mit dem oberen Rand abschließend. Lege dann den Strang oben auf den Rand, an jeder Ecke sauber abgeschnitten. Lasse alles trocknen.

9 Dekoriere den Deckel ähnlich wie die Seiten, aber teile das Muster dafür in vier Segmente. Überziehe die Seiten des Deckels mit hellrosafarbener Modellierpaste. Bringe dann die Seiten mit Royal Icing am Deckel an und lege alles zum Trocknen beiseite.

Der Teddy

1 Rolle aus braunem Rollfondant eine Kugel mit 6 cm Durchmesser und halbiere sie. Lege eine Hälfte diagonal in die Box – sie ist der sichtbare Teil des Teddy-Körpers.

2 Forme einen 1,5 cm dicken Strang und schneide daraus zwei 5 cm lange Stücke. Drücke eine Seite dieser Stränge etwas rund und flach für die Pfoten und schneide das andere Ende im 45 ° Winkel schräg ab. Befestige die beiden Teile so am Körper, dass die Arme auf den Seiten der Box aufliegen oder darüber hängen.

3 Rolle für den Kopf eine Kugel mit 4 cm Durchmesser, drücke sie in der Handfläche etwas flach, um den Kopf breiter und etwas länglich zu formen und drücke ihn dann ein wenig flach. Befestige ihn mit Lebensmittelkleber so auf dem Körper, dass die breitere Seite das Gesicht wird. Schaue Dir die Teile des Teddys unten an **(K)**.

4 Forme für die Ohren eine Kugel mit 2 cm Durchmesser und halbiere sie. Modelliere die Ohren mit dem Ball Tool wie hier gezeigt **(L)**. Befestige sie an beiden Seiten des Kopfes.

Tipp

Dein Kuchen wird etwas ganz Besonderes, wenn Du die Paste in der Farbe eines geliebten Teddys einfärbst.

K

L

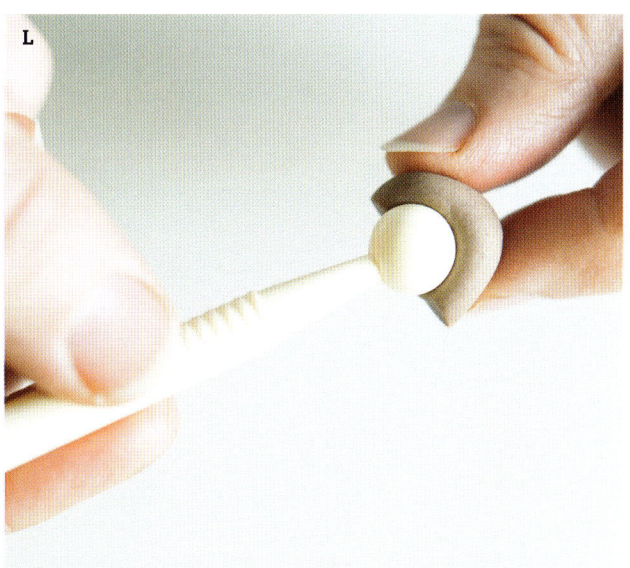

N

5 Rolle für die Schnauze aus hellbrauner Modellierpaste eine Kugel mit 2,5 cm Durchmesser, halbiere sie und bringe eine Hälfte im Gesicht des Bären an. Präge den Mund mit dem Schneiderädchen. Forme aus sehr dunkelbrauner Modellierpaste die Augen des Bären und eine dreieckige Nase. Befestige alles mit Lebensmittelkleber.

6 Knete braune Modellierpaste sehr weich (*wie unter Dekoration der Box beschrieben*). Fülle die Paste in den Pastenextruder und setze die Multi-Lochscheibe ein. Drücke ein kurzes Bündel Paste heraus und nimm es mit dem Dresden Tool von der Lochscheibe ab **(N)**. Bringe das Bündel als Fell auf dem Teddy an. Fahre fort, bis Du mit den kurzen Pastensträngen Körper, Arme und Kopf des Teddys vollständig bedeckt hast **(O)**, lasse aber Schnauze und Augen frei.

7 Zum Schluss bringst Du eine Schleife unter dem Kinn des Bären an. Schneide dafür aus dünn ausgerollter roter Modellierpaste einen Streifen aus, 7 cm lang, 7 mm breit. Lege beide Enden des Streifens zur Mitte hin um und drücke sie leicht zusammen **(P)**. Wickele einen weiteren kurzen Streifen als Knoten über die Naht.

O

P

78

Teddys Geschenkschachtel

Fertige kleine moderne Schachteln in den Farben des Haupt-projektes an. Das ist eine ausgezeichnete Gelegenheit, mit ausgestochenen Mustern zu experimentieren. Lege auf jede Schachtel einen süßen ausgestochenen Teddy.

1 Decke die Schachtel mit Rollfondant ein, wie beim Haupt-projekt beschrieben. Dekoriere die Seiten der Schachtel mit senkrechten Streifen oder mit ausgestochenen, versetzten Halbkreisen. Bringe an jeder Seite am oberen Rand einen 1,2 cm breiten Streifen aus Modellierpaste für den Deckel an. Lege schließlich oben auf die Schachtel ein quadrati-sches Stück Paste als Oberseite des Deckels.

2 Rolle die braune Paste sehr dünn aus – die Stärke der Paste ist sehr wichtig: zu dick, und die Form wird nicht sau-ber ausgestochen, zu dünn, und das geprägte Muster wird nicht richtig wiedergegeben. Drücke den Teddy-Prägeaus-stecher in die ausgerollte Paste.

3 Entferne die überschüssige Paste. Stich eine Schnauze aus dünn ausgerollter hellbrauner Paste aus und lege sie auf den ausgestochenen Teddy-Kopf. Bringe eine kleine flache Kugel aus dunkelbrauner Paste als Nase an. Hebe den fertigen Kopf vorsichtig hoch und lege ihn mittig oben auf den Deckel.

Tipp

Lasse die ausgerollte Paste ein wenig auf der Arbeitsfläche liegen und antrocknen, bevor Du sie verwendest. So klebt sie nicht im Ausstecher fest.

Mit Liebe gefüllt

*W*as könnte süßer sein, als ein zufrieden glucksendes Baby, das gerade seine Flasche geleert hat? Das Säuglingsalter ist so besonders und so schnell vorbei. Nächte können manchmal sehr lang wirken, aber ein sattes, strampelndes Baby, mit den Armen gestikulierend und brabbelnd, erfreut uns alle. Genau wie Kleinkinder wachsen auch Eisbärenjunge mit Muttermilch auf. Ihre verspielten Streiche sind niedlich und liebenswert, weshalb ich sie für eine sehr passende Dekoration einer Babyflasche halte. Du kannst natürlich die Farben der Flasche ändern, damit sie besser zu einem Kuchen für ein kleines Mädchen passen. In Läden findest Du eine Vielzahl Fläschchen in den unterschiedlichsten Formen, Größen und Farben. Ich habe eine einfache Form gewählt, aber Du kannst gern mutig eine anspruchsvollere, ergonomische Form schnitzen!

Pastellfarben und ein einfaches, sich wieder-
holendes Muster auf einer Babyflasche

Beispiele verschiedener Sauger – die Formen
können leicht abweichen

Die Eisbärenflasche

Für den Babyflaschen-Kuchen werden einfach zwei Minicakes aufeinander gestapelt. Der Eisbär wird ausgestochen und der Sauger von Hand aus Modellierpaste geformt. Der Kuchen ist ein ausgezeichnetes Geschenk zu einer Schwangerschaftsparty oder zur Geburt des neuen Erdenbürgers.

Du benötigst

MATERIAL

* **Kuchen:** zwei Minicakes mit 5 cm Durchmesser
* **Rollfondant:** eisblau, goldbraun und weiß
* Frosting
* **Modellierpaste:** weiß, goldbraun, türkis, petrol und schwarz
* Lebensmittelkleber

ZUBEHÖR

* **Cakeboard:** Hardboard, 4,5 cm bzw. im gleichen Durchmesser wie der Kuchen (Du kannst es auch aus einer Leichtschaumplatte zuschneiden)
* **Ausrollhölzer:** 1 mm und 5 mm (beide LC)
* Scriber
* Lineal und Geo-Dreieck
* Langes scharfes Messer
* Skalpell
* Vorlage Sauger
* **Ausstecher:** Eisbär (PC), rund: 4,3 cm, 3,6 cm, 3 cm, und Diamantform (Lindy's scalloped diamond, LC)
* Pastenextruder

Lieferantenliste und Abkürzungen auf Seite 142.

Den Kuchen eindecken

1 Schneide Deine Minicakes gerade, in 5 cm Höhe (entsprechend dem Durchmesser). Streiche Frosting oben auf einen Kuchen und stelle den zweiten darauf. Stelle den Kuchen in den Gefrierschrank. Nimm ihn gefroren wieder heraus und schneide sofort die Seiten mit einem langen Messer unter dem Geo-Dreieck zurecht, bis sie perfekt senkrecht sind **(A)**. Schneide den oberen und unteren Rand des Kuchens mit einer Schere ab, immer nur kleine Mengen pro Schnitt. Mit einem Messer riskierst Du, dass Du zuviel auf einmal wegnimmst **(B)**.

2 Befestige das Hardboard mit Frosting am Boden des Kuchens. Überziehe alle Seiten des Kuchens mit einer dünnen Schicht Frosting.

3 Knete 220 g eisblauen Rollfondants weich und rolle ihn zwischen Ausrollhölzern 5 mm dick aus. Drehe die Paste um und schneide daraus einen 13 cm breiten Streifen zu. Lege den Kuchen so auf den Streifen, dass der untere Rand des Kuchens auf einer Kante des Streifens liegt. Rolle den Kuchen in den Streifen ein **(C)**, und führe ihn dabei an der Unterseite mit einem Glätter. Schneide die Enden des Streifens an der Naht ab und streiche sie glatt. Die Naht wird vollständig von der Dekoration verdeckt.

4 Stelle den Kuchen aufrecht und fasse den Rollfondant auf der Oberseite zusammen, um den oberen Rand glatt und rund einzudecken. Schneide in der Mitte überschüssige Paste mit einer Schere weg und streiche die Oberseite mit einem Glätter waagrecht glatt. Keine Sorge, dieser Bereich wird später vom Sauger verdeckt, er muss nur gerade und eben sein. Lasse alles trocknen, am besten über Nacht.

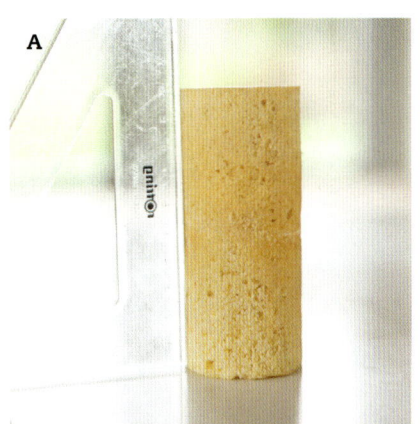
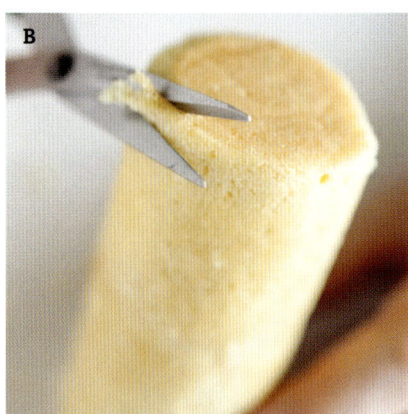

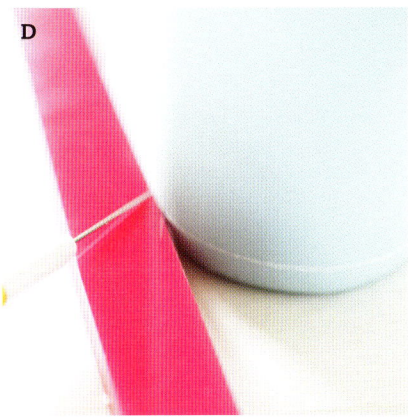

Die Dekoration

1 Lege Deine Ausrollhölzer von 5 mm aufeinander und lege sie neben Deinen Kuchen. Ziehe mit ihrer Hilfe und dem Scriber eine Hilfslinie rund um den Kuchen, 1 cm über dem unteren Rand **(D)**. Ziehe dann mit Hilfe des Geo-Dreiecks eine weitere Hilfslinie in 9,5 cm Höhe rund um den Kuchen. Zeichne abschließend zwischen diesen beiden Ringen zwei senkrechte Linien ein, die sich auf dem Kuchen gegenüberliegen.

2 Knete die Modellierpasten in Türkis und Petrol weich und gib etwas Pflanzenfett und Wasser dazu, wenn sie zu trocken und bröselig sind. Die Paste soll elastisch, aber fest sein. Rolle die Pasten getrennt zwischen Ausrollhölzern 1 mm dick zu mindestens 20 cm langen Streifen aus. Schneide dann mit einem Lineal und dem Skalpell aus jeder Paste je zwei 3 mm breite Streifen zu **(E)**. Lasse sie auf der Arbeitsfläche ein wenig fest werden.

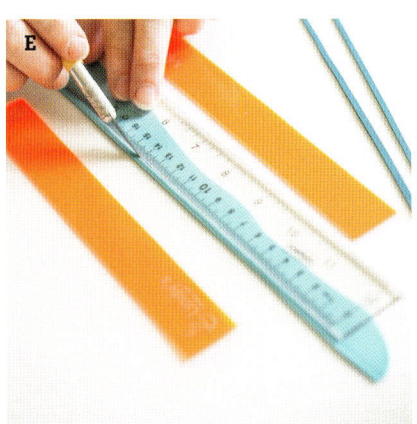

3 Trage einen schmalen Streifen Lebensmittelkleber oberhalb des 1 cm breiten unteren Randes und unterhalb der Hilfslinie am oberen Rand auf. Nimm einen petrolfarbenen Streifen vorsichtig hoch und befestige ihn auf einem der Kleberstreifen. Schneide ihn mit dem Skalpell auf korrekte Länge ab. Korrigiere notfalls seine Position, damit er waagrecht verläuft. Bringe den zweiten petrolfarbenen Streifen auf dem anderen Kleberstreifen an und dann die beiden türkisfarbenen Streifen darüber bzw. darunter. Orientiere Dich dazu am Foto des fertigen Kuchens.

4 Trage eine dünne Linie Lebensmittelkleber auf die beiden senkrechten Hilfslinien auf. Knete etwas goldbraune Modellierpaste mit zusätzlichem Pflanzenfett und Wasser sehr weich. Fülle die Paste in den Pastenextruder und setze die kleine runde Lochscheibe ein. Drücke zwei Pastenstränge heraus und lasse sie auf Deiner Arbeitsfläche etwas fest werden, bevor Du sie senkrecht auf den Kleberstreifen befestigst. Schneide sie mit dem Skalpell auf die richtige Länge zu **(F)**.

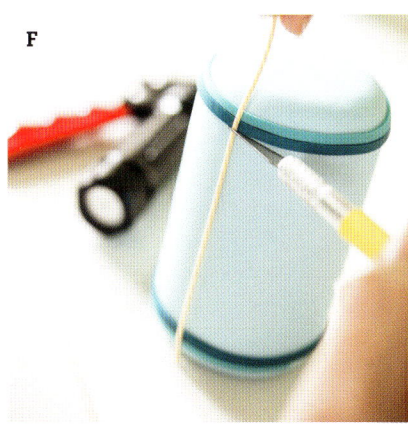

5 Rolle für die Inhaltsmarkierungen etwas weiße Modellierpaste 1 mm dick aus, und stich mit dem kleinsten Ausstecher des Sets sieben Diamanten aus. Befestige diese in gleichmäßigen Abständen entlang des seitlichen Streifens, wie hier gezeigt **(G)**.

6 Knete für den Eisbären zuerst weiße Modellierpaste weich und rolle sie dann sehr dünn aus. Die Stärke der Paste ist hier entscheidend: zu dick und die Form wird nicht sauber ausgestochen, zu dünn und die Details der Prägung werden nicht vollständig wiedergegeben. Drücke den Prägeausstecher des Eisbären fest in die Paste.

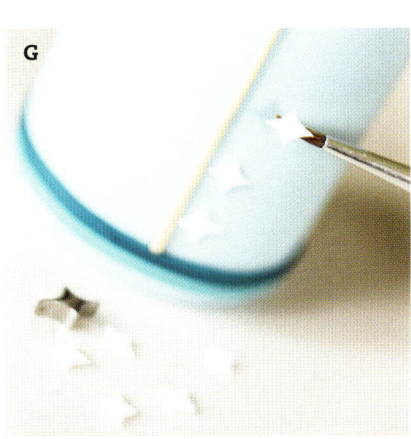

Tipp

Damit Deine Modellierpaste strahlend weiß wird, knete etwas Farbpulver Superwhite darunter.

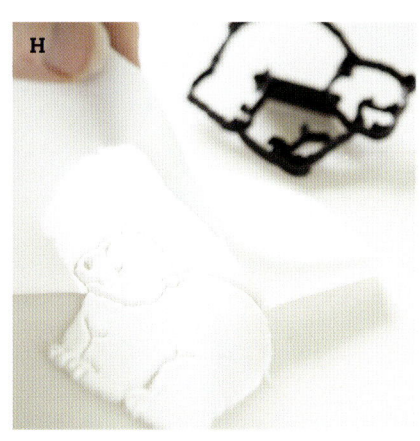

7 Entferne die überschüssige Paste rund um das ausgestochene Motiv. Entferne dann mit einem Scriber oder Zahnstocher die Paste zwischen Vorder- und Hinterbeinen **(H)**. Wenn Du Probleme hast, eine saubere Schnittkante zu bekommen, schneide sie mit einem Skalpell vorsichtig nach. Befestige den Bären mit Lebensmittelkleber auf dem Kuchen und gib ihm eine kleine schwarze Pastenkugel als Nase.

Flaschenverschluss und Sauger

1 Rolle den goldbraunen Rollfondant für den Flaschenverschluss 1 cm dick aus. Stich mit den runden Ausstechern je eine Scheibe in 4,3 und 3,6 cm Durchmesser aus. Lege die Scheiben aufeinander und glätte die oberen Ränder mit den Fingern **(I)**.

Tipp

Lege zwei Sets Ausrollhölzer (5 mm) aufeinander, um eine gleichmäßige Stärke von 1 cm zu erhalten.

2 Rolle für die Basis des Saugers weißen Rollfondant zwischen Ausrollhölzern 5 mm dick aus und stich eine Scheibe mit 3 cm Durchmesser aus. Lege sie oben auf den goldbraunen Flaschenverschluss und streiche mit den Fingern über den Rand, um ihn abzurunden.

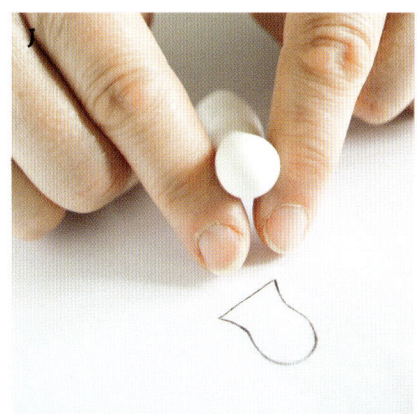

3 Für den Sauger formst Du aus weißer Modellierpaste einen 1,5 cm dicken Strang. Schau Dir die Vorlage an und rolle den Strang zwischen den Fingern hin und her, bis er entsprechend dünner wird. Schneide ihn auf die richtige Länge ab und drücke den unteren Rand mit den Fingern leicht zusammen, um ihm die abgebildete Form zu geben **(K)**. Wenn Dir das Ergebnis gefällt, befestige ihn auf der Basis. Lege abschließend den kompletten Verschluss mit Sauger auf die Flasche und befestige ihn mit etwas Lebensmittelkleber.

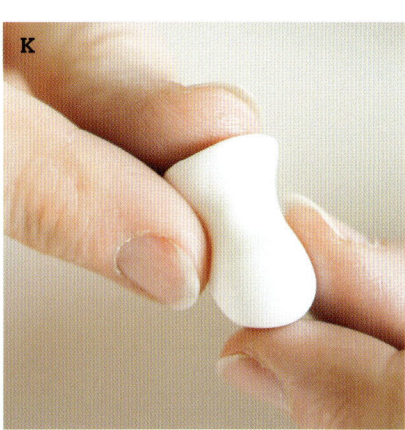

Vorlage für Sauger

Flasche in Rosa

Für diesen Kuchen habe ich die Farben geändert, damit sie eher zu dem passen, was Eltern traditionell für ein Mädchen wählen. Den Eisbären habe ich durch Kreise ersetzt, die mit Schmetterlingen, Bären und Bienen geprägt sind.

Du benötigst

* **Kuchen:** zwei Minicakes, 5 cm Durchmesser
* **Rollfondant:** hellrosa, beige und weiß
* Frosting
* **Modellierpaste:** sechs verschiedene Farben, u.a. pink
* Lebensmittelkleber
* Zubehör wie für das Hauptprojekt, plus:
* **Ausstecher:** rund, 1,6 cm (nimm die große Öffnung einer PME Spritztülle), und Präge-ausstecher Blüte (plunger blossom cutter, PME)
* **Prägesticks:** Biene (Countryside Borders Autumn Set 7, HP), Schmetterling (Daisy Chains und Butterflies Set 18, HP), und Teddy (Toytime Set 16, HP)

1 Stapele die Kuchen und decke sie hellrosa ein wie beim Hauptprojekt beschrieben. Bringe einen Streifen aus pinkfarbener Modellierpaste an, wie unter Schritt 1 – 3 des Hauptprojekts beschrieben.

2 Stich für die Dekoration kleine Kreise aus dünn ausge-rollter Modellierpaste aus und präge einige davon mit den vorgeschlagenen Prägesticks. Befestige die Kreise mit Lebensmittelkleber in Reihen auf der Flasche. Spiele ein wenig mit den Farben und der Position – Du kannst mehr oder weniger anbringen, das ist Dir überlassen.

3 Modelliere Verschluss und Sauger wie im Hauptprojekt beschrieben und befestige sie mit Lebensmittelkleber.

> „ Wenn Du an kleinen Dingen
> arbeitest, passiert Großes. "
>
> Roger Halston

85

Die Farben des Regenbogens

Wer ist nicht begeistert beim Anblick eines Regenbogens, der in der ganzen Bandbreite der Farben glänzt, vom inneren Bogen in kühlem Blau bis zum äußeren warmen Rot? Ich bin sicher, die meisten von uns waren zu jung, um sich an den ersten Regenbogen zu erinnern, aber ich schätze, dass wir alle hochgenommen wurden, um ihn uns zu zeigen. Ein Regenbogen ist ein fantastisches Naturereignis, auch wenn der Topf mit Gold am Ende eine Illusion bleibt! Interessanterweise steht der Regenbogen in der Literatur oft als Metapher für Hoffnung und Glück. Er ist deshalb ein hübsches Motiv für einen Kinderkuchen. Verändere meinen Entwurf einfach passend zum Kind, passe Haar- und Hautfarbe an und auch die Windel.

Mein Sohn, immer ein freches, kleines "Monster"!

Welch ein Blick! Neugierige glückliche Babys sind immer entzückend!

Stilisiertes Muster in Regenbogenfarben auf dem Cover eines Notizbuches

Regenbogenkuchen

Dieser Minicake wurde vom Regenbogen inspiriert und ich habe deshalb Herzen und Streifen in den entsprechenden Farben verwendet, um Farbe und Freude zu vermitteln. Kinder lieben es, sich selbst auf Kuchen wiederzufinden, darum dieses modellierte Kleinkind, dass Du leicht personalisieren kannst. Das Ganze ergibt einen wundervollen Kuchen zum 1.Geburtstag! Ich wette, jeder weiß, wer obendrauf steht!

Du benötigst

MATERIAL
* **Kuchen:** Minicake mit 7,5 cm Durchmesser
* **Rollfondant:** weiß
* Frosting
* **Modellierpaste:** hautfarben, schwarz, pink, violett, blau, grün, gelb, orange und rot
* **Essbares Farbpulver:** rosa
* **Lebensmittelkleber**
* **Farbpaste:** schwarz

ZUBEHÖR
* **Cakeboard:** Hardboard, im gleichen Durchmesser wie der Kuchen
* Vorlage für das Kleinkind
* Klarsichthülle
* **Ausrollhölzer:** 1 mm und 5 mm (beide LC)
* Dresden Tool
* Ball Tool
* Skalpell
* Kleine Schere
* **Ausstecher:** sieben runde, ineinanderpassende Ausstecher (kleiner als 6,5 cm), und Herzen (Lindy's elegant heart cutter set, LC)
* Spritztüllen Nr. 18 und 3 (PME)
* Abdeckmatte, Abdeckfolie
* Zahnstocher
* Styroporblock oder Kuchen-Dummy zum Aufbau der Figur
* Pinsel
* Winkelpalette

Lieferantenliste und Abkürzungen auf Seite 142.

Vorlage Kleinkind

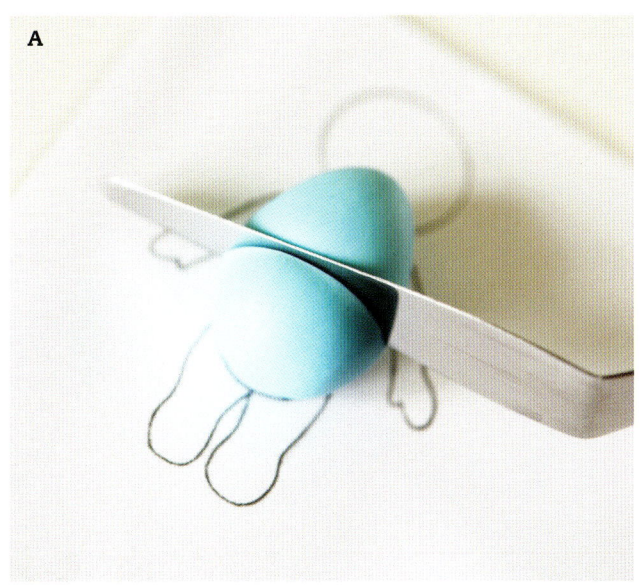

Das Kleinkind modellieren

1 Kopiere die Vorlage und lege sie in eine Klarsichthülle.

2 Knete die blaue Modellierpaste weich und gib etwas Pflanzenfett und Wasser dazu, falls sie zu trocken und bröselig ist. Sie sollte elastisch aber fest sein.

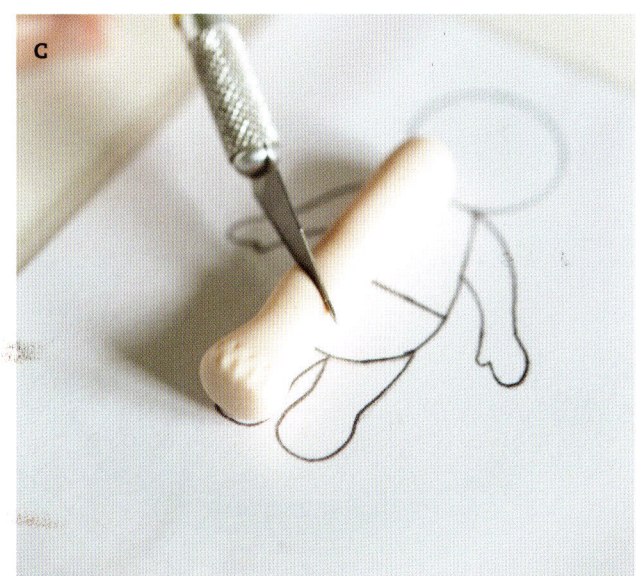

3 Forme aus der Paste eine Kugel mit 3 cm Durchmesser. Rolle sie zwischen den Fingern hin und her, um daraus einen abgerundeten Kegel zu formen, der mit der Vorlage übereinstimmt. Lege ihn dann auf die Vorlage und schneide ihn mit der Winkelpalette in der Mitte an der Hilfslinie durch **(A)**. Behalte die breitere untere Hälfte. Wiederhole das Ganze mit hautfarbener Paste, aber jetzt behältst Du die spitzzulaufende, obere Hälfte. Füge die beiden Hälften mit Lebensmittelkleber zusammen.

4 Rolle einen 1 mm dicken Streifen aus blauer Modellierpaste zwischen Ausrollhölzern aus. Schneide mit einem Lineal und Skalpell ein 2 mm breites Band zu und lege es um den oberen Rand der Windel, um so den Spalt zu verdecken.

5 Für die Beine rollst Du einen sich verjüngenden Strang, der grob zur Vorlage passt. Forme den Knöchel dünner, indem Du die Paste zwischen Deinen Fingern rollst. Modelliere den Fuß durch leichtes Zusammendrücken der Zehenpartie. Schneide mit dem Skalpell vier kleine Schnitte für die fünf Zehen **(B)** und präge die Nägel mit dem Dresden Tool ein. Lege das Bein auf die Vorlage und schneide es oben passend ab **(C)**. Stelle das zweite Bein genauso her.

6 Nimm zwei gekürzte Zahnstocher und drehe jeweils einen so in jedes Bein, dass er unten etwa 2 cm aus dem Bein ragt und oben etwa 1 cm. Befestige die Beine mit Lebensmittelkleber und Zahnstocher am Körper **(D)** und stecke die Zahnstocher dann senkrecht in den Styroporblock, damit die Figur aufrecht steht. Stecke einen weiteren Zahnstocher von oben in den Körper, der später den Kopf tragen wird.

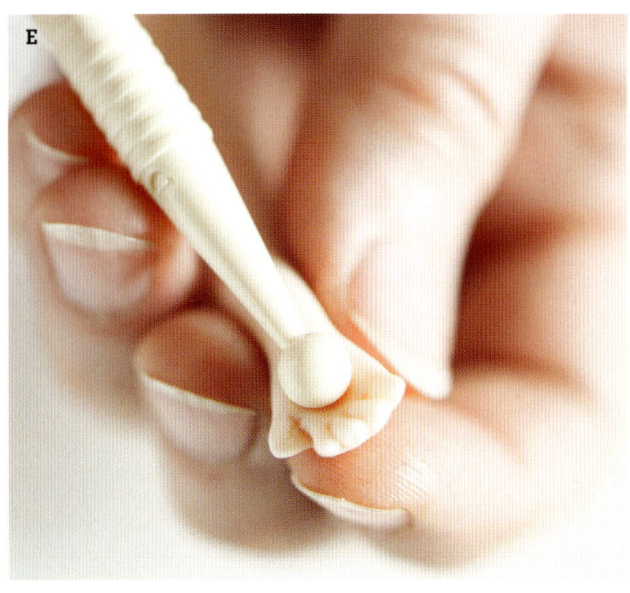

E

F

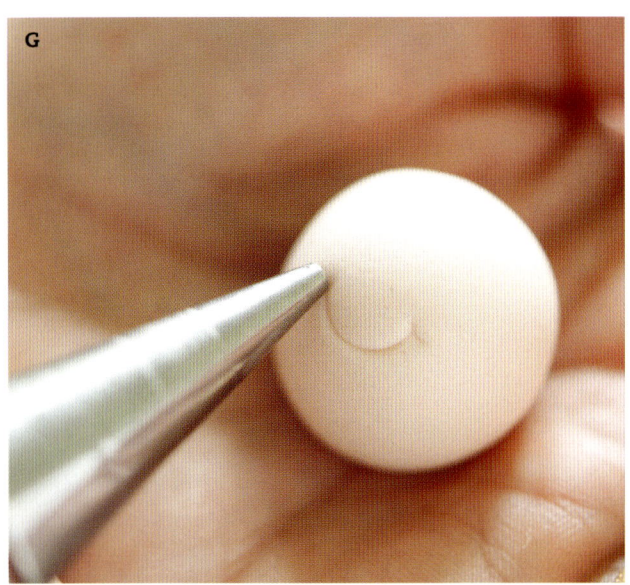

G

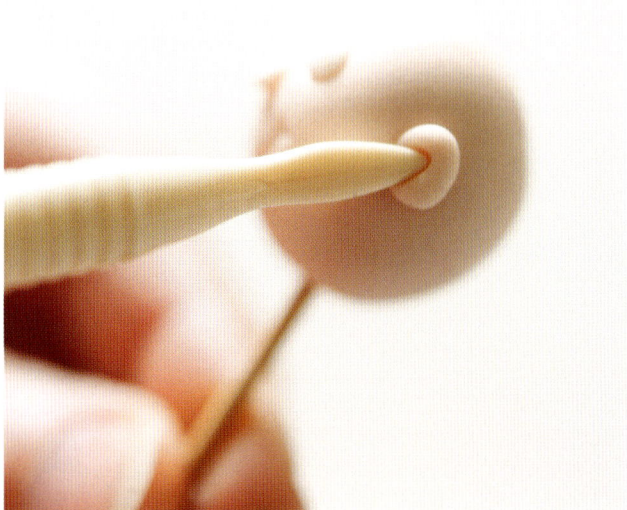

H

7 Forme für die Arme spitzzulaufende Stränge aus hautfarbener Modellierpaste gemäß der Vorlage. Modelliere das Handgelenk. Drücke die Hand leicht flach und schneide mit einer Schere ein kleines Dreieck aus, um den Daumen zu formen. Schneide die Finger zu und rolle sie leicht zwischen Deinen Fingern. Präge Nägel mit dem Dresden Tool ein. Wölbe die Hand leicht mit dem Ball Tool **(E)**. Stelle den zweiten Arm genauso, aber spiegelbildlich her.

8 Lege die Arme auf die Vorlage und schneide sie auf die korrekte Länge ab. Achte darauf, dass die Hand in die richtige Richtung zeigt, bevor Du den schrägen Schnitt machst. Befestige die Arme mit Lebensmittelkleber in der gewünschten Haltung und stütze sie ab, bis sie trocken und fest sind **(F)**.

9 Forme für den Kopf eine 2,5 cm große Kugel aus hautfarbener Modellierpaste. Präge den lächelnden Mund, indem Du eine Tülle Nr. 18 im 45 ° Winkel in die Paste drückst. Wiederhole dies für die Mundwinkel mit der Tülle Nr. 3 **(G)**. Drücke Mulden für die Augenhöhlen mit einem kleinen Ball Tool ein und bringe einen kleinen Tropfen Paste für die Nase an. Stecke einen Zahnstocher von unten in den Kopf und lasse ihn vollständig durchtrocknen.

10 Rolle aus weißer Modellierpaste zwei kleine Kugeln und drücke sie in die Augenhöhlen. Befestige für die Ohren zwei kleine Kugeln aus hautfarbener Paste an den Seiten des Kopfes. Forme diese zu Ohren, indem Du das breite Ende des Dresden Tools in die Mitte der Kugel drückst und vorsichtig zur Seite ziehst. Damit gleicht sich die Paste dem Gesicht an und formt ein „C" **(H)**.

11 Verdünne schwarze Farbpaste ein wenig und male damit mit einem feinen Pinsel die Augen, aber lasse einen kleinen Lichtpunkt weiß **(I)**. Bepudere die Wangen mit ganz wenig rosafarbenem Farbpulver. Modelliere aus schwarzer Modellierpaste einen kurzen, spitzzulaufenden Strang, rolle ihn leicht und befestige ihn als Haarlocke oben auf dem Kopf.

12 Lege für den Hals einen kleinen spitzzulaufenden Strang rund um den Zahnstocher auf den Körper, wie auf dem Foto gezeigt **(J)**. Befestige den Kopf jetzt an seinem Platz und richte ihn so aus, dass das Kleinkind einen netten Ausdruck bekommt.

Kuchen eindecken und dekorieren

1 Schneide den Minicake auf die Höhe in cm, die er als Durchmesser hat. Wenn Du die Kuchen in einer Multi-Mini-Backform gebacken hast, entspricht der obere Rand der Form der korrekten Höhe. Befestige den Kuchen mit etwas Frosting auf einem Hardboard des gleichen Durchmessers.

2 Überziehe den Kuchen mit einer dünnen Schicht Frosting und decke ihn mit weißem Rollfondant ein, wie im Kapitel Grundlagen beschrieben. Stelle ihn dann zum Antrocknen beiseite.

3 Rolle die pinkfarbene Modellierpaste zwischen Ausrollhölzern 1 mm dick zu einem Streifen von 30 cm Länge aus. Schneide daraus mit Lineal und Skalpell einen 2 mm breiten Streifen zu **(K)**. Lasse ihn auf der Arbeitsfläche ein paar Sekunden fest werden.

Tipp

Wenn Du Deine Paste zwischen Ausrollhölzern ausrollst, wird jedes Band des Regenbogens die gleiche Stärke haben und der fertige Regenbogen sieht sehr gleichmäßig aus.

> Hab keine Angst, Dein Bestes für scheinbar kleine Dinge zu geben. Wenn Du die kleinen Dinge gut machst, regeln sich die großen wie von selbst.
>
> Dale Carnegie

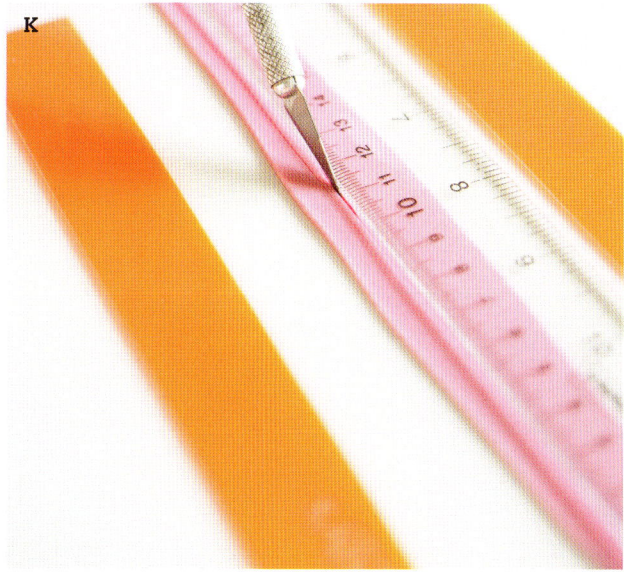

4 Trage einen Streifen Lebensmittelkleber am unteren Rand des Kuchens auf. Befestige den pinkfarbenen Streifen vorsichtig darauf und schneide ihn mit dem Skalpell auf die passende Länge. Wiederhole dies mit Streifen in den Regenbogenfarben und achte auf ihre korrekte Reihenfolge: pink, violett, blau, grün, gelb, orange, rot. Achte ebenfalls darauf, dass die Streifen sauber und nahe beieinander liegen. Nimm gegebenenfalls eine Winkelpalette dafür zu Hilfe **(L)**.

5 Rolle dann alle Modellierpasten in den Regenbogenfarben getrennt voneinander 1 mm dick aus und schütze sie mit einer Abdeckmatte oder Folie vor dem Austrocknen. Stich mindestens vier Herzen in jeder Farbe aus – nimm dafür den mittleren Ausstecher (2,8 cm hoch) aus dem Set. Lasse die Herzen auf der Arbeitsfläche etwas fest werden. Dann befestigst Du sie mit Lebensmittelkleber in Reihen rund um den Kuchen. Nimm für das Positionieren einen Pinsel, wie hier gezeigt **(M)**. Vielleicht musst Du ihren Sitz etwas korrigieren, damit sie alle sauber um den Kuchen passen.

6 Stich mit dem runden Ausstecher eine Scheibe von 6,5 cm Durchmesser aus der ausgerollten roten Paste aus. Lasse die Scheibe liegen, damit sie sich nicht verformt, und stich mit dem nächstkleineren Ausstecher mittig eine Scheibe aus der großen Scheibe aus. Ersetze das ausgestochene Teil durch eine orangefarbene Scheibe und streiche mit dem Finger über die Nahtstelle, damit sich die beiden Pasten verbinden und kein Spalt bleibt. Fahre fort, Scheiben auszustechen und zu ersetzen – in der Farbreihenfolge **(N)**.

Tipp

Ein Scriber eignet sich hervorragend dazu, die ausgestochenen Teile zu entfernen.

7 Hebe den vollständigen Regenbogen mit der Winkelpalette vorsichtig von der Arbeitsfläche hoch und lege ihn mittig oben auf Deinen Minicake.

8 Ziehe abschließend die getrocknete Figur vorsichtig vom Styroporblock ab und stelle sie oben auf den Kuchen. Die Zahnstocher in den Beinen sorgen dafür, dass sie sicher stehenbleibt. Vergiss nicht, die Figur vor dem Anschneiden zu entfernen, da sie nichtgenießbare, spitze Zahnstocher enthält.

KINDHEIT

Bunte Luftballons

Kleine Kinder lieben Ballons, also habe ich sie in den Regenbogenfarben an der Seite dieses kleinen Geburtstagskuchens angebracht. Personalisiere den Kuchen und stelle einfach eine Zahl oder einen Namen oben drauf.

Du benötigst

* **Kuchen:** Minicake, 5 cm Durchmesser, mit weißem Rollfondant eingedeckt
* **Modellierpaste:** die gleichen wie beim Hauptprojekt
* Lebensmittelkleber
* Ausrollhölzer 1 mm (LC)
* **Ausstecher:** kleine Blütenform (Lindy's Viola Leaf and Petal Cutter Set, LC)
* Dresden Tool
* Schneiderädchen
* Spritztülle Nr. 1 (PME)
* Pastenextruder
* Pinsel

1 Rolle grüne Modellierpaste zu einem langen Streifen aus. Schneide daraus mit Lineal und Skalpell 5 mm breite Streifen, einen für jeden Kuchen. Schneide eine Seite mit dem Schneiderädchen wiederholt ein, damit es wie Gras aussieht. Befestige den Streifen um den unteren Rand des Kuchens und gib etwas Bewegung in die „Grashalme".

2 Stich mit dem runden Blütenausstecher Ballonformen aus den regenbogenfarbigen Modellierpasten aus. Präge das untere Ende jedes Ballons, indem Du das schmale Ende des Dresden Tools mehrfach hineindrückst. Wenn die Ballons etwas angetrocknet sind, gruppiere sie in Trauben an den Seiten des Kuchens.

3 Knete etwas schwarze Modellierpaste für die Schnüre sehr weich. Fülle sie in den Pastenextruder, und setze die Spritztülle statt einer Lochscheibe ein. Drücke die Pastenstränge auf Deine Arbeitsfläche und bringe sie dann mit einem Pinsel am Kuchen an, wie auf dem Foto gezeigt.

4 Um den Kuchen persönlich zu gestalten, kannst Du eine Zahl aus Zucker oder eine Kerze darauf stellen.

93

Magischer Herbst

D ie kurzlebige, flüchtige und wunderschöne Farbenpracht der Natur im Herbst macht diese Jahreszeit zu etwas ganz besonders Faszinierendem. Farben explodieren auf den Bäumen rundherum wie Feuerwerk, während die Landschaft in goldenem Sonnenlicht badet, wodurch alltägliche Farben viel ansprechender und spektakulärer erscheinen. In dieser Jahreszeit kommen auch Pilze und Morcheln plötzlich zum Vorschein – wie durch Magie! Pilze sammeln im Wald ist immer sehr aufregend, Du weißt nie, was Du finden wirst. Das Kind in mir möchte nach Elfen suchen, während der Künstler in mir entzückt ist über Pilze in attraktiven Formen und Gruppierungen.

Ein stattlicher Tintling mit seinem signifikanten schwarzen Rand

Baumpilze mit ihren Wellenrändern

Herbstliches Platanenblatt, von goldenem Sonnenlicht durchflutet

Aufgebrochene Bucheckern im Kompost

Magischer-Herbst-Kuchen

Für meine herbstlichen Minicakes habe ich einen rauchblauen Herbsthimmel als Hintergrund gewählt und den Kuchen mit ausgestochenen Pilzen dekoriert, die für ein naturgetreueres Aussehen bemalt wurden. Gras und Erde bieten den Pilzen Platz in ihrer natürlichen Umgebung. Perfekt für einen Naturliebhaber wie mich. Der Kuchen kann mit einer Zahl oder einem Namen auch persönlich gestaltet werden.

Du benötigst

MATERIAL
* **Kuchen:** Minicake mit 6,5 cm Durchmesser
* **Rollfondant:** rauchblau
* Frosting
* **Modellierpaste:** weiß, cremefarben, hellgrün, mittelgrün, dunkelgrün und hellbraun
* **Farbpasten zum Bemalen:** einige Braun- und Grüntöne plus Schwarz
* Farbpulver Superwhite
* Lebensmittelkleber
* Klarer Alkohol, z. B. Gin oder Wodka (optional)

ZUBEHÖR
* **Cakeboard:** rundes Hardboard, im gleichen Durchmesser wie der Kuchen
* Skalpell
* Abdeckmatte, Abdeckfolie
* Lineal
* Ball Tool
* **Ausstecher:** Pilze (Fairies set, PC), Blätter (Lindy's curled leaf cutters, LC), und Flammen (Lindy's flame cutters, LC)
* Foam Pad
* Ausrollhölzer 1 mm (LC)
* Pinsel
* Farbpalette

Lieferantenliste und Abkürzungen auf Seite 142.

Den Kuchen eindecken

1 Schneide den Minicake auf die Höhe in cm, die er als Durchmesser hat. Wenn Du die Kuchen in einer Multi-Mini-Backform gebacken hast, entspricht der obere Rand der Form der korrekten Höhe. Befestige den Kuchen mit etwas Frosting auf einem Hardboard des gleichen Durchmessers.

2 Überziehe den Kuchen mit einer dünnen Schicht Frosting und decke ihn mit rauchblauem Rollfondant ein, wie im Kapitel Grundlagen beschrieben. Stelle ihn dann zum Antrocknen beiseite.

> " Liebe zur Schönheit ist Geschmack.
> Kreation von Schönheit ist Kunst. "
>
> Ralph Waldo Emerson

Dekoration

1 Knete die cremefarbene Modellierpaste weich und gib etwas Pflanzenfett und kühles Wasser dazu, wenn sie zu trocken und bröselig ist. Die Paste sollte elastisch, aber fest sein. Rolle sie dann sehr dünn aus - die Stärke der Paste ist hier entscheidend: ist sie zu dick, wird die Form nicht sauber ausgestochen, ist sie zu dünn, werden die geprägten Details nicht vollständig wiedergegeben.

Tipp

Lasse die ausgerollte Paste auf Deiner Arbeitsfläche etwas antrocknen, bevor Du fortfährst, damit die Paste nicht im Ausstecher kleben bleibt.

2 Nimm die beiden unterschiedlich großen Pilz-Ausstecher aus dem Set und drücke sie fest in die Paste, wie hier gezeigt **(A)**. Du benötigst etwa drei bis vier von jeder Größe, abhängig davon, wie Du sie auf dem Kuchen arrangierst. Schneide mit dem Skalpell das Gras unten am Pilz weg **(B)**.

3 Rolle weiße Modellierpaste sehr dünn aus und stich etwa fünf schmale Tintlinge aus. Lege alle ausgestochenen Teile unter eine Abdeckmatte oder Folie, damit sie nicht austrocknen.

Tipp

Wenn Deine Schnittkante nicht sauber ist, schneide sie mit einem Skalpell vorsichtig zurecht.

4 Miss den Umfang Deines Kuchens aus: Am einfachsten legst Du dafür ein Band oder eine Schnur rundherum und misst ihre Länge. Der Umfang eines eingedeckten Kuchens mit 6,5 cm ist etwa 23 cm. Lege Dein Lineal auf die Arbeitsfläche, stelle Dir vor, es wäre der untere Rand Deines Kuchens und arrangiere die Pilze und Tintlinge über dem Lineal. Verwende dazu die Länge von 0 bis 23 cm oder den gemessenen Umfang. Verändere die Höhen, die Gruppierungen und die Lage der Pilze. Lasse sie überlappen, damit das Ganze natürlich aussieht **(C)**.

A

B

C

D

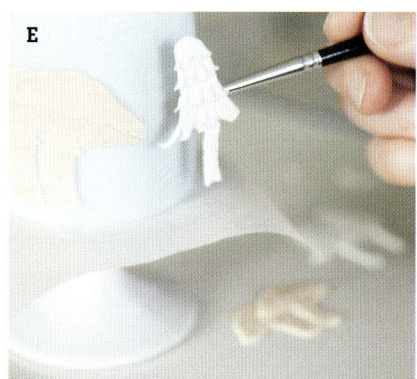

E

5 An den Stellen, wo sich die Pilze überlappen, schneidest Du bis auf einen schmalen Rand alles mit dem Skalpell weg, was unter dem anderen Pilz liegt. Damit behalten die obenliegenden Pilze ihre glatte, gleichmäßige Form, und trotzdem wirken sie fast dreidimensional **(D)**. Befestige die Pilze mit Kleber und mit Hilfe eines Pinsels rund um den Kuchen **(E)**.

F

Pilze bemalen

1 Verdünne eine Auswahl verschiedener Farbpasten in einer Farbpalette mit Wasser oder Alkohol, um sie zum Bemalen zu verwenden. Trage mit einem passenden Pinsel goldbraune Farbe auf die Pilzköpfe und dunkelbraune Farbe auf die Sporen auf **(F)**. Achte darauf, dass die Farbe die Rillen füllt, damit die Sporen naturgetreu aussehen. Mische etwas weißes Farbpulver in die dunkelbraune Farbe und rühre es zu einer einheitlichen Farbe. Bemale damit die Stiele. Den Ring zwischen Sporen und Stiel bemalst Du in Weiß.

2 Trage auf die Tintlinge eine dünne braune Schicht auf, die in die geprägten Linien laufen soll. Entferne dann mit einem trockenen, flachen Pinsel den Farbauftrag weitestgehend, wie hier gezeigt (G). Lasse alles trocknen.

G

3 Nun kommt die zweite Farbschicht für die Pilze. Tupfe mit einem fast trockenen Pinsel stellenweise hellere und dunklere Farben auf **(H)**.

4 Bei den Tintlingen gibst Du einen Hauch Goldbraun oben auf die Köpfe und auf die Stiele. Dann trägst Du an den unteren Rändern das charakteristische Schwarz auf. Vermische es mit dem Pinsel vorsichtig mit dem Braun der unteren Kappe, um einen harten Übergang zu vermeiden **(I)**. Lasse alles trocknen.

Kleine Dinge, die Menschen tun und sagen, bedeuten mir mehr als große. Kleine Dinge scheinen ehrlicher zu sein.

MJ Christine

Erde und Gras

1 Rolle die hellbraune Modellierpaste aus und ziehe sie mit den Händen in schmale, ungleichmäßige Streifen mit gerissenen Rändern. Befestige sie stückweise mit Lebensmittelkleber am unteren Rand des Kuchens. Stelle mit dem schmalen Ende des Dresden Tools die Struktur von Erde her, indem Du es durch die Paste ziehst und drückst **(J)**.

2 Rolle die drei grünen Modellierpasten zwischen Ausrollhölzern 1 mm dick aus. Stich mit den vorgeschlagenen Ausstechern (Blatt- und Flammen-Set) Grashalme in jeder Farbe aus **(K)**. Schütze sie mit Folie vor dem Austrocknen.

3 Lege einige Halme auf das Foam Pad und rolle mit dem Ball Tool von der Spitze des Halms nach unten, um ihn leicht zu kräuseln. Der Druck hängt davon ab, wie stark sich Dein Halm verformen soll **(L)**. Wenn Du mit dem Aussehen Deiner Halme zufrieden bist, drücke sie am unteren Ende zusammen, wie hier gezeigt **(M)**.

4 Schneide die Halme mit dem Skalpell oder den Pilz-Ausstechern passend zu und befestige sie am Kuchen. Die größeren Halme sollten dabei aussehen, als ob sie hinter den Pilzen stünden, während die kürzeren vorne positioniert werden. Wenn alles trocken und fest ist, bemalst Du die Grashalme mit verdünnten grünen Farbpasten und die Erde in Dunkelbraun.

> *Aus einem kleinen Samenkorn kann ein mächtiger Stamm wachsen.*
>
> Aeschylus

DESIGN

Feuerwerk der Natur

Dieser Kuchen ist mit Bäumen in voller herbstlicher Pracht dekoriert. Passend zum Halloween kann man auch einen oder zwei Kürbisse an den Fuß des Baumes legen und damit ein besonderes Geschenk für "Süßes oder Saures" anfertigen.

Du benötigst

* **Kuchen:** Minicake mit 6,5 cm Durchmesser, eingedeckt in rauchblauem Rollfondant wie im Hauptprojekt beschrieben
* **Modellierpaste:** hellbraun, dunkelbraun, rot, orange, gelb und hellgrün
* **Farbpasten:** braun
* **Cakeboard:** rundes Hardboard, in der gleichen Größe wie der Kuchen
* **Ausstecher:** spitze Ovale (Lindy's pointed oval cutters, LC), Ausstecher aus dem Teddy-Picknick-Set (teddy bear's picnic set, PC)
* Doppelseitige Silikon-Prägeform für Blätter
* Foam Pad
* Ball Tool
* Dresden Tool
* Silikonform Kürbis (garden mould set, AM) (optional)

1 Rolle die Modellierpasten dünn aus und stich mit dem kleinen ovalen Ausstecher Blätter aus. Lege sie auf das Foam Pad. Rolle mit dem Ball Tool über die Ränder, halb auf der Paste, halb auf dem Pad, um die Blattränder auszudünnen.

2 Präge dann alle Blätter mit einer passenden doppelseitigen Prägeform. Lege das Blatt hinein, drücke die Form fest zusammen und löse das Blatt heraus. Ist es zu fleischig, war die Paste zu dick. Ist es beim Prägen auseinandergefallen, war die Paste zu dünn. Drücke die untere Spitze des Blattes leicht zusammen.

3 Modelliere den Stamm und die unteren Äste der Bäume aus dunkelbrauner Modellierpaste auf Deiner Arbeitsfläche. Präge die weiche Paste mit dem Dresden Tool, damit sie wie Baumrinde aussieht. Wenn Du mit den Baumstämmen zufrieden bist, befestige sie mit Lebensmittelkleber gegenüberliegend an den Seiten des Kuchens.

4 Befestige die Blätter auf dem Kuchen so, dass die Baumkronen ineinander verwoben sind, und bringe Bewegung in das Blätterdach, damit es natürlich wirkt.

5 Gestalte die Erde wie im Hauptprojekt beschrieben. Modelliere schließlich mit der Silikonform ein oder zwei Kürbisse und lege sie unten neben den Baum. Stelle mit dem empfohlenen Prägeausstecher einen Maulwurf her und bringe ihn am Kuchen an.

101

Leidenschaft für Paisley

So lange ich zurückdenken kann, haben mich die verschlungenen Muster und prächtigen Farben Südasiens fasziniert. Schon als Kind wurden mir komplizierte Schmuckstücke und filigran gewebte Stoffe gezeigt. Diese Erinnerungen, verbunden mit meinen eigenen Besuchen in diesem reichen und vielfältigen Kontinent, haben demzufolge meine Arbeit beeinflusst. Von allen dekorativen Mustern, die in der indischen Kunst verwendet werden, finde ich die gebogene Tropfenform des Paisleys am attraktivsten. Goldene und silberne Paisleymuster werden oft in wunderschöne Seidenstoffe für Hochzeiten oder andere besondere Anlässe verwoben. Daher scheint es mir mehr als passend, einen festlichen Kuchen in Paisleyform zu gestalten.

Die Farbenpracht ist verführerisch – besonders das umwerfende Rot!

Dekoratives Paisleymuster auf einem gewebt Wollschal

Metallfäden lassen die Stickerei aufwendig glänzen

Die moderne Variante eines Paisleymusters als dekorative Borte an diesem Kopftuch

Paisley-Kuchen

Für die Dekoration dieser individuellen kleinen Kuchen habe ich mich an die Kunst des Papier-Quillings angelehnt und traditionelle asiatische Blumen- und Spiralmuster nachempfunden. Diese luxuriösen Kuchen sind ein exzellentes Geburtstagsgeschenk für eine ganz besondere Person oder hinreißende kleine Geschenke für Hochzeitsgäste einer asiatischen Braut.

DESIGN

Du benötigst

MATERIAL

* **Kuchen:** zum Ausschneiden der Tropfenform: 12 x 8 cm für einen Kuchen, 12 x 12 cm für zwei Kuchen, 24 x 24 cm für acht Kuchen.
* **Rollfondant:** rot und violett
* Frosting
* **Modellierpaste:** violett, pflaume, rot, pink, crème und braun
* Lebensmittelkleber

ZUBEHÖR

* **Vorlage:** Paisley
* **Cakeboard:** Leichtschaumplatte, in der Tropfenform des Kuchens zugeschnitten
* Ausrollhölzer 1 mm (LC)
* Lineal
* Skalpell
* Zahnstocher
* Abdeckmatte, Abdeckfolie
* Kleine Schere

Lieferantenliste und Abkürzungen auf Seite 142.

Kuchen schnitzen und eindecken

1 Schneide den Kuchen in 3,5 cm Höhe waagrecht gerade. Kopiere die Vorlage (siehe unten) und stelle für jeden Kuchen eine Papiervorlage her. Lege die Vorlagen auf den Kuchen und befestige sie mit Zahnstochern. Schneide dann mit einem scharfen Messer senkrecht an den Rändern der Vorlagen entlang durch den Kuchen **(A)**. Entferne die Vorlagen und lege die Kuchen in den Gefrierschrank.

Tipp

Sobald Du Deine Formen ausgeschnitten hast, drehst Du die Kuchen um, da die Unterseite eine sauberere Schnittkante hat.

2 Nimm die gefrorenen Kuchen wieder heraus und schnitze sie wie folgt in Form: Schneide am breiteren Ende einen runden Bogen von der Mitte des Kuchens bis hinunter zum unteren Rand **(B)**.

3 Schneide am schmalen Ende von der Mitte des Kuchens aus hinunter zur Spitze **(C)**. Schneide dann alle verbleibenden Ränder in der gleichen Weise zurecht.

4 Befestige die Kuchen mit Frosting auf einer zugeschnittenen Leichtschaumplatte der gleichen Größe. Überziehe die Kuchen mit Frosting und decke sie dann mit Rollfondant in Rot und Violett ein, wie im Kapitel Grundlagen beschrieben. Stelle die fertigen Kuchen zum Antrocknen beiseite.

Quilling

1 Knete die violette Modellierpaste weich und gib etwas Pflanzenfett und Wasser dazu, falls sie zu trocken und brösselig ist. Die Paste sollte elastisch, aber fest sein. Rolle sie zwischen Ausrollhölzern 1 mm dick zu einem langen Streifen aus, damit sie gleichmäßig eben ist. Schneide mit dem Lineal und dem Skalpell eine kurze Seite gerade. Lege das Lineal rechtwinklig an der geraden Seite an und markiere mit dem Skalpell kleine Schnitte im Abstand von 3 mm **(D)**.

2 Schneide anhand dieser Markierungen Streifen von 3 mm Breite zu **(E)**, und lasse sie kurz auf der Arbeitsfläche antrocknen, bevor Du sie mit einer Abdeckmatte oder Folie bedeckst. Wiederhole das Ganze für die Modellierpasten in den anderen Farben.

3 Für die zweifarbigen rot-pink-farbenen Streifen rollst Du beide Pasten getrennt voneinander 1 mm dick aus. Dann legst Du die rote Paste auf die pinkfarbene Paste und rollst sie erneut zwischen den Ausrollhölzern 1 mm dick aus. Schneide daraus 3 mm breite Streifen zu, wie zuvor beschrieben. Sobald Du Deinen Vorrat an Streifen hast, kannst Du mit dem Quillen beginnen.

4 Für die meisten Formen werden beim Quillen Streifen aufgerollt (hier aus Modellierpaste) und dann in Formen gedrückt. Ich empfehle Dir, alle Elemente des Musters vorzubereiten, bevor Du sie am Kuchen befestigst.

Enge Spiralen: Drücke das Ende eines braunen Streifens sanft auf die Spitze eines Zahnstochers. Wickele den Streifen um den Zahnstocher, bis Du sechs gewickelte Lagen am Zahnstocher hast **(F)**. Ziehe die Spirale vorsichtig ab und schneide die restliche Paste weg. Befestige das äußere Ende der Spirale mit einem feuchten Pinsel. Stelle auf diese Weise zehn dreilagige Spiralen in pink, vierzehn zweilagige in crème und sieben vierlagige in violett her. Schneide die violetten in der Hälfte durch und befestige die Abschnitte mit etwas Wasser aneinander.

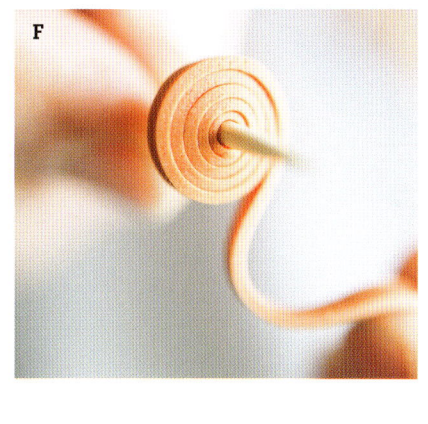

> Für Menschen, für die kleine
> Dinge nicht existieren, ist
> Großes nicht groß.
>
> Jose Ortega y Gasset

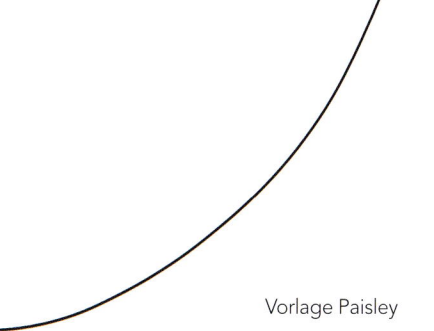

Vorlage Paisley

Weite Spiralen: Stelle aus roten Pastenstreifen zwei enge Spiralen her, aber schneide sie nicht ab. Lege sie auf die Arbeitsfläche und ziehe die Wicklungen mit der Spitze eines Zahnstochers vorsichtig auseinander **(G)**. Lasse sie dann auf der Arbeitsfläche liegen, damit sie fest werden. Stelle etwa fünfzehn weite Spiralen in pflaume in verschiedenen Größen her und zwei in pink. Lasse sie trocknen.

Marquise oder Auge: Stelle drei weite Spiralen in pflaume her, schneide die überschüssige Paste ab und befestige die Enden mit etwas Lebensmittelkleber. Ziehe dann zwei Seiten der Spirale in die typische Marquise- oder Augenform **(H)**. Stelle zwei weitere kleine in Schwarz her.

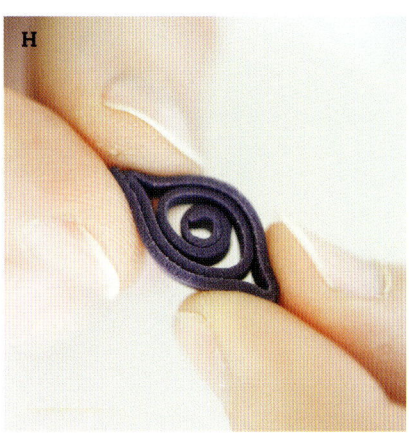

Tropfen: Ich habe die Technik hier etwas abgewandelt, um leichter mit Zucker arbeiten zu können. Nimm die zweifarbigen Streifen mit der pinkfarbenen Seite nach innen und falte einen Streifen zu einem kleinen Tropfen. Drücke die Paste an der Spitze zusammen. Lege dann einen weiteren Streifen mit etwas Abstand um den ersten. Schneide die überschüssige Paste ab und drücke das spitze Ende zusammen **(I)**. Füge einen dritten Streifen hinzu und lege den Tropfen beiseite. Stelle einen zweiten Tropfen genauso her, dann noch einen vierlagigen roten Tropfen und einen langen zweifarbigen braunen Tropfen.

Dekoration des roten Kuchens

1 Zeichne eine geschwungene "S"-förmige Linie mit Lebensmittelkleber von der breitesten Stelle des Kuchens zu einem Punkt ungefähr in der Mitte, an der Innenseite des Bogens. Lege einen braunen Streifen hochkant drauf wie hier gezeigt **(J)**. Lege einen schwarzen Streifen hochkant direkt daneben. Zeichne dann eine geschwungene Linie aus Kleber von der Mitte des "S" auf die andere Seite des Kuchens **(K)**. Lege einen schwarzen Streifen hochkant darauf und schneide ihn auf korrekte Länge ab. Befestige alle engen Spiralen auf dem Kuchen außer der dunkelbraunen, die in Schritt 2 der Blume zugefügt wird.

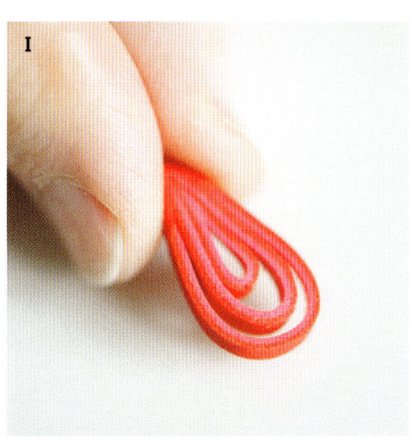

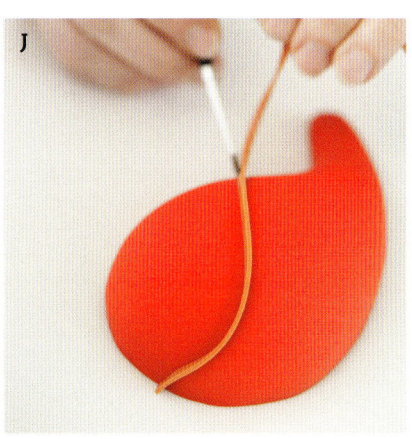

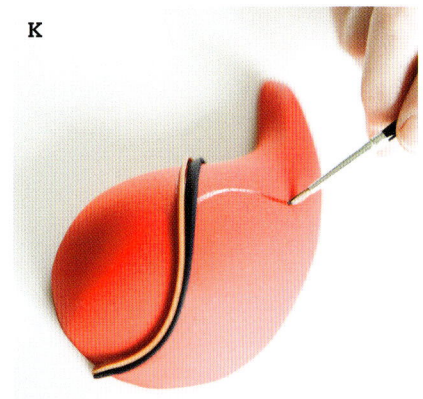

2 Lege die Blume aus den vorbereiteten Formen auf der Arbeitsfläche zusammen **(L)**. Wenn Du damit zufrieden bist, befestige sie auf dem Kuchen. Stelle aus violetter Paste eine weite Spirale her und drücke sie auf drei Seiten zusammen, um die dreieckige Basis der Blume zu formen. Befestige sie an ihrem Platz und bringe den langen braunen Tropfen als Stiel an.

3 Folge dem Foto des Kuchens und befestige die violetten und pinkfarbenen Spiralen **(M)**, die Du auf passende Länge zuschneidest. Zum Schluss bringst Du den großen roten Tropfen und die kleinen schwarzen Augen an.

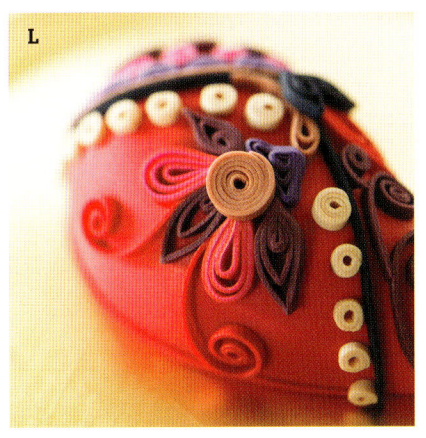

Violetter Paisley

Verwende Pasten in den gleichen Farben, aber anders zusammengestellt. Ich habe diesen etwas einfacheren Kuchen mit genau den gleichen Methoden dekoriert. Wenn Du erst ein bisschen Übung mit der Technik hast, kannst Du problemlos meine Vorschläge abwandeln und Dein eigenes Muster entwerfen.

Zauberhafte Ringelblume

Jedes Jahr bringen selbstausgesäte Ringelblumen, oder lateinisch Calendula, meinen Garten mit ihren wundervollen gelben, goldenen und orangefarbenen Farbtupfern zum Leuchten. Was könnte fröhlicher sein! Diese pflegeleichten Blumen blühen den ganzen Sommer über, bis in den Herbst und sogar in milden Wintern. An sonnigen Tagen beobachte ich gern Schmetterlinge und Bienen, wie sie von Blume zu Blume fliegen und Nektar saugen – ein hypnotisierender Anblick. Wenn Du noch nie Blumen gesät hast, solltest Du mit diesen farbenfrohen Calendula beginnen – auch wenn Du keinen Garten hast, denn sie wachsen auch gut im Topf an sonnigen Standorten.

Eine leuchtende Ringelblume in orange – lebendiges Beispiel der Vielfalt von Calendula

Die dunkle Mitte dieser Ringelblume hebt sich stark von den gelben Blättern ab

Ringelblumenkuchen

Als ich noch mehr Freizeit hatte, habe ich viele Zuckerblumen gefertigt. Gelegentlich sitze ich aber immer noch da, zupfe eine echte Blume auseinander und forme sie aus Zucker nach. Für diese Minicakes habe ich genau das mit den Ringelblumen aus meinem Garten getan. Die seitliche Dekoration besteht aus einfachen Formen, angeregt von den zweiblättrigen Setzlingen, die sich über alle meine Blumenbeete verteilen.

Du benötigst

MATERIAL

- ✳ **Kuchen:** Minicake mit 5 cm Durchmesser
- ✳ **Rollfondant:** elfenbeinfarben
- ✳ Frosting
- ✳ **Modellierpaste:** braun, hellorange, grün und hellgrün
- ✳ **Blütenpaste:** orange
- ✳ Lebensmittelkleber
- ✳ **Essbares Farbpulver:** dunkelorange und burgunderrot
- ✳ Royal Icing, kleine Menge zur Befestigung der Blumen

ZUBEHÖR

- ✳ **Cakeboard:** rundes Hardboard in der gleichen Größe wie der Kuchen
- ✳ **Ausrollhölzer:** 1 mm und 5 mm (beide LC)
- ✳ Schneiderädchen
- ✳ **Ausstecher:** Ringelblume (Lindy's calendula cutters, LC), kleine Tropfen (Lindy's small teardrop cutter set, LC) und Erdbeer-Calyx
- ✳ Abdeckfolie
- ✳ Silikonform Perlen, 3 mm (perfect pearl mould – BR130, FI)
- ✳ Margeriten-Stempel (daisy centre stamp, JEM)
- ✳ Doppelseitiger Präger für Rosenblätter (GI)
- ✳ Doppelseitiger Präger für Lilienblütenblätter (GI)
- ✳ Blütenformer (optional)
- ✳ Weißes Papier
- ✳ Klebestreifen
- ✳ Pinsel
- ✳ Winkelpalette

Lieferantenliste und Abkürzungen auf Seite 142.

Ringelblumen

1 Die Ringelblumen können gut vorbereitet und in Papierkegeln getrocknet werden, wodurch die Blumen ihre Form behalten. Schneide für die Kegel Kreise mit 7 cm Durchmesser oder größer aus weißem Papier aus. Falte einen Kreis in Viertel und öffne ihn wieder. Die Mitte des Kreises liegt im Schnittpunkt der Falten. Markiere mit diesem Punkt die Mitte der anderen Kreise.

2 Schneide mit einer Schere jeden Kreis bis zur Mitte ein. Lege die beiden Schnittkanten etwa 2,5 cm übereinander, um so einen flachen Kegel zu formen, und befestige sie mit Klebestreifen aufeinander **(A)**. Stütze sie durch Blütenformer oder ähnliche Gegenstände wie z. B. Gläser **(B)**.

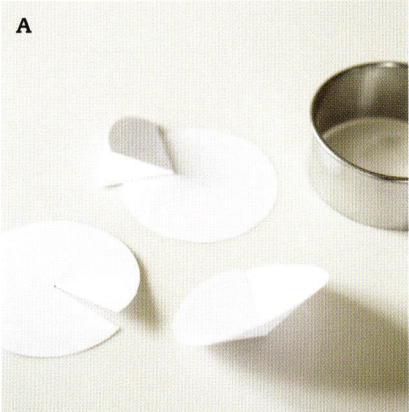

A

B

C

3 Rolle für die Blütenblätter die orangefarbene Blütenpaste dünn aus. Stich mit den Ringelblumen-Ausstechern für jede Blume etwa 20 große, 15 mittlere und einige kleine Blätter aus **(C)**.

4 Lege ein paar der großen Blütenblätter auf das Foam Pad und umfahre die Ränder mit dem Ball Tool, halb auf der Paste, halb auf dem Pad aufliegend **(D)**. Die Ränder werden dadurch weicher und dünner.

5 Lege die Blütenblätter eins nach dem anderen in die Prägeform und schließe diese in der richtigen Position. Drücke die Form fest zusammen, löse das geprägte Blatt heraus **(E)** und lege es beiseite. Wiederhole Schritt 4 und 5 für alle ausgestochenen Blütenblätter.

D

6 Beginne mit den großen Blättern und lege 10 bis 12 kreisförmig in den Papierkegel wie hier gezeigt **(F)**, mit einer kleinen Lücke zwischen den einzelnen Blattspitzen.

> Die einfachsten Vergnügen
> sind die besten.
> Alan Bradley

E

F

7 Positioniere in der zweiten Lage die Blütenblätter versetzt auf den ersten. Lege kleine gedrehte Stücke Küchenpapier darunter, um sie etwas von der unteren Lage abzuheben **(G)**. Dadurch sehen die Blumen auch natürlicher aus. Lege als dritte Lage die mittelgroßen Blätter auf und schließlich einige der kleinen Blätter. Ordne die Blätter in naturgetreuem Aussehen an und lege bei Bedarf Küchenpapier dazwischen.

8 Für die Mitte der Blume rollst Du eine Kugel aus brauner Modellierpaste und drückst sie fest in den Margeriten-Stempel. Nimm nicht zu viel Paste, sondern fülle nur die Form bis zum Rand. Die Paste löst sich sauber heraus, wenn sie an Deinem Finger haftet. Stelle für jede Blume einen Kern her und befestige ihn an seinem Platz.

9 Rolle einen langen Streifen aus brauner Modellierpaste aus. Schneide mit dem Lineal und dem Skalpell daraus 5 mm breite Streifen zu, zwei je Blume. Schneide eine Längsseite der Streifen über die ganze Länge mit dem Schneiderädchen ein **(H)**. Rolle einen Streifen aus orangefarbener Modellierpaste aus. Stich mit dem Ende eines Ausstechers kleine Dreiecke an der Längsseite ab, um so eine gezackte Kante zu erhalten **(I)**.

10 Lege die drei Streifen aufeinander, den orangefarbenen in der Mitte, damit man die kleinen Dreiecke deutlich sieht. Drücke die Streifen aufeinander und entferne mit dem Lineal und dem Skalpell überschüssige Paste von der unbearbeiteten Seite des Stapels **(J)**.

11 Wickele den dreifarbigen Streifen um den äußeren Rand des Blumenkerns und schneide ihn passend ab. Ziehe mit dem Dresden Tool die kleinen Spitzen etwas auseinander, damit sie naturgetreu und ungleichmäßig aussehen. Bepudere danach die Ränder aller Blütenblätter mit den empfohlenen Farbpulvern und lasse alles gut trocknen.

12 Rolle etwas grüne Modellierpaste dünn aus und stich mit dem Ausstecher eine Calyx aus – Du benötigst zwei je Blume. Halbiere mit dem Skalpell jedes Blatt der Länge nach. Lege sie auf ein Foam Pad, dünne die Ränder mit dem Ball Tool aus und ziehe es dann von der Mitte zur Spitze hin, um jedes Blatt zu verlängern **(K)**. Befestige zum Schluss je zwei Calyxes an der Unterseite der getrockneten Blumen.

Kuchen eindecken und dekorieren

1 Schneide den Minicake auf die Höhe in cm, die er als Durchmesser hat. Wenn Du die Kuchen in einer Multi-Mini-Backform gebacken hast, entspricht der obere Rand der Form der korrekten Höhe. Befestige den Kuchen mit etwas Frosting auf einem Hardboard des gleichen Durchmessers. Überziehe den Kuchen mit einer dünnen Schicht Frosting und decke ihn mit elfenbeinfarbenem Fondant ein, wie im Kapitel Grundlagen beschrieben.

2 Präge mit dem Schneiderädchen senkrechte Stiele in unterschiedlichen Höhen und Abständen in die Seiten des Kuchens **(L)**. Orientiere Dich dazu am Foto des fertigen Kuchens. Stelle ihn dann zum Antrocknen beiseite.

K

L

DESIGN

3 Rolle die Pasten in hellorange, grün und hellgrün getrennt zwischen Ausrollhölzern 1 mm dick aus. Stich mit den beiden kleinsten Tropfen-Ausstechern verschiedene Blätter in den drei Farben aus. Präge die dunkleren grünen Blätter mit der Rosenblatt-Prägeform und lege sie dabei so hinein, dass der breitere Teil nahe am oberen Rand der Prägeform liegt **(M)**.

4 Befestige die Blätter paarweise mit Lebensmittelkleber am jeweiligen Ende der geprägten Stiele. Lasse sie nicht überlappen und wechsele die Farben der Setzlinge rund um den Kuchen ab.

5 Knete für die Erde braune Modellierpaste weich und rolle sie zu einem dünnen langen Strang. Lege ihn auf die 3 mm großen Mulden der Perlen-Silikonform und drücke die Paste erst mit den Fingern und dann mit dem Dresden Tool in die Mulden. Entferne mit der Winkelpalette überschüssige Paste und löse den Perlenstrang dann durch vorsichtiges Dehnen und Biegen der Form heraus, ohne dass er reißt oder sich verformt **(N)**. Lasse ihn etwas antrocknen, bevor Du ihn mit Lebensmittelkleber am unteren Rand des Kuchens befestigst.

6 Gib abschießend einen Klecks Royal Icing auf die Rückseite der Blumen und lege eine mittig auf jeden Kuchen.

Tipp

Verwende für den Perlenstrang feste Modellierpaste. Wenn sie zu weich ist, wird er leichter reißen.

DESIGN

Weiße Chrysantheme

Um die Dekoration zu vereinfachen und eine Menge Zeit zu sparen, habe ich für die Herstellung der Blumen dieses Kuchens die unten aufgeführten Silikonformen benutzt.

Du benötigst

* **Kuchen:** Minikuchen, 5 cm Durchmesser, mit weißem Rollfondant eingedeckt
* weiße Modellierpaste
* Lebensmittelkleber
* Ausrollhölzer 1 mm (LC)
* Schneiderädchen
* **Ausstecher:** kleine Tropfen (Lindy's small teardrop cutter set, LC)
* **Silikonformen** Perlen, 3 mm (perfect pearl mould – BR130, FI) und Chrysantheme (chrysanthemum mould – FL270, FI)

1 Decke den Kuchen ein und dekoriere ihn wie im Hauptprojekt beschrieben, aber mit weißen Pasten.

2 Drücke für die Chrysantheme eine kleine Kugel weißer Modellierpaste in die Mitte der Mulde der entsprechenden Silikonform. Lege dann eine größere Kugel auf die erste und achte darauf, dass die Oberfläche der Kugel absolut glatt ist. Kleinere Risse würdest Du sonst wahrscheinlich an der fertigen Blume sehen. Drücke die Paste fest in die Form, damit auch tiefere Bereiche gut gefüllt werden. Streiche dann die Paste am Rand der Mulde mit dem Finger glatt, damit die Form vollständig gefüllt ist.

3 Entferne überschüssige Paste mit der Winkelpalette, lasse aber eine kleine Kuppel stehen, sonst hält die Blume beim Herauslösen nicht die Form. Biege und dehne die Form rundherum vorsichtig, um die Blume zu lösen. Befestige sie oben auf dem Kuchen.

Glanz und Glitter

In der Weihnachtszeit schauen wir uns alle gern die geschmückten Bäume mit ihren funkelnden Lichtern, bunten Kugeln und glitzernden Sternen an. Sie sind Teil der Freude und des Festes. Mein Baum zuhause hat immer eine bestimmte Farbe, aber zwischen Kugeln und Lametta hängen auch immer kleine Sammlerstücke, die ich über die Jahre von meinen Reisen mitgebracht habe: hölzerne Delphine aus Neuseeland, handbemalte Weihnachtsmänner auf Elefanten aus Indien, klingelnde Pinguine aus Australien und filigrane, lasergeschnittene Nussknacker aus Deutschland. Diese ausgewählte Mischung, zusammen mit Engeln und Sternen, die meine Kinder vor Jahren gebastelt haben, am Baum anzubringen, ist jedes Jahr wieder ein besonderer Moment. Ein Augenblick, in dem ich an andere Plätze und in andere Zeiten versetzt werde... ich liebe es!

Glitzerndes Detail einer Haarspange – so weihnachtlich!

Eine hinreißende Taube im Art-Deco-Stil, die meinen Großeltern gehörte.

Bestickte Filzschachtel mit Sternenmuster – meine eigene Handarbeit!

Glanz-und-Glitter-Kuchen

Für diese festlichen Minicakes habe ich den Kuchen in eine Kegelform geschnitten, damit er wie eine traditionelle Nordmanntanne aussieht. Die Dekoration ist dann aber recht modern – eine Kombination von Vögeln und Schneeflocken. Natürlich kannst Du stattdessen Deine eigenen Formen und Farben wählen. Wie wäre es mit kleinen Engeln, Zuckerstangen oder Sternen? Oder Du nimmst für ein etwas poppigeres Weihnachten kräftiges Rot und Orange, um Wärme und Luxus zu symbolisieren.

Du benötigst

MATERIAL

* **Kuchen:** zwei Minicakes, 5 cm Durchmesser für jeden Baum (nimm einen festen Kuchen), am besten in Multi-Mini-Backformen gebacken
* **Rollfondant:** dunkelbraun, dunkles Blaugrün und weiß
* Frosting
* **Modellierpaste:** weiß, dunkles Blaugrün, aqua und helles Mittelgrün
* Essbares Farbglanzpulver weiß (snowflake)
* Lebensmittelkleber
* Weißes Royal Icing

ZUBEHÖR

* **Cakeboard:** rundes Hardboard, in der gleichen Größe wie Dein Kuchen
* Runder Holzstab o. ä., 18 mm Durchmesser, für den Baumstamm
* Cocktailspieß
* **Ausstecher:** Taube (Christmas midi set, PC), kleiner Vogel (Make a Cradle cutter set, PC), Prägeausstecher Schneeflocke 2.5 cm (plunger, PME), Blüte achtblättrig, gerade (flat floral collection set one, LC), Blüte achtblättrig, spitz (flat floral collection set one, LC), Prägeausstecher Margerite 2 cm (daisy plunger cutter, PME), und runder Ausstecher – nimm die Tülle Nr.18 (PME)
* Pastenextruder mit kleiner Lochscheibe
* **Ausrollhölzer:** 5 mm und 1 mm (beide LC)
* Pinsel und Puderpinsel
* Spritztülle Nr.1,5 (PME)
* Spritzbeutel
* Winkelpalette oder Skalpell

Lieferantenliste und Abkürzungen auf Seite 142.

Die Baumstämme

1 Bereite sie vor und lagere sie bis zum Gebrauch. Säge den Holzstab in 2,5 cm lange Stücke. Pro Baum benötigst Du eines. Die Schnittflächen müssen gerade und eben sein, wenn nicht, bearbeite sie nach. Das ist wichtig, damit Dein fertiger Baum nicht aussieht, als ob er gleich umfällt!

2 Knete dunkelbraunen Rollfondant weich und rolle ihn 5 mm dick aus. Drehe die Paste um und schneide sie in 2,5 cm breite Streifen, einen pro Baumstamm. Trage auf die Seiten eines Holzstückes Lebensmittelkleber auf. Lege ihn auf die Paste und rolle ihn ein **(A)**. Schneide den Streifen mit einer sauberen Naht gerade ab und schließe die Naht mit der Wärme eines Fingers.

3 Stelle die Baumstämme aufrecht auf Wachspapier und prüfe den Sitz des Rollfondants. Korrigiere, falls nötig, und lasse sie dann trocknen.

Tipp

Du kannst den Baumstamm mit einer Prägematte oder einem Modellierwerkzeug in Rindenstruktur prägen.

Den Kuchen schnitzen

1 Schneide Deine Minicakes gerade, in 5 cm Höhe (entsprechend dem Durchmesser). Wenn Du sie in einer Multi-Mini-Backform gebacken hast, gibt der obere Rand der Form die richtige Höhe an. Streiche Frosting oben auf einen Kuchen und stelle den zweiten darauf. Befestige den Kuchen mit Frosting auf einem Hardboard. Stelle den Kuchen dann in den Gefrierschrank.

2 Schneide einen Kreis aus Papier im Durchmesser Deines Kuchens aus. Falte den Kreis in Viertel und öffne ihn wieder. Die Mitte sollte auf dem Schnittpunkt der Falten liegen. Bearbeite einen Kuchen nach dem anderen und lege die Vorlage oben auf einen gestapelten, tiefgefrorenen Kuchen. Stecke einen Cocktailspieß durch den Mittelpunkt in den Kuchen **(B)**.

3 Nimm die Vorlage vorsichtig weg, aber lasse den Spieß stecken. Lege den Kuchen seitlich hin und schnitze ihn mit einem scharfen Messer vom Cocktailspieß bis hinunter zum Kuchenrand vorsichtig in eine Kegelform **(C)**. Wenn die Grundform fertig ist, stellst Du den Kuchen aufrecht und prüfst aus etwas Entfernung, ob er symmetrisch ist. Korrigiere die Form, falls erforderlich. Verfahre dann mit den anderen Kuchen genauso. Bedecke die Kuchen mit Frischhaltefolie, damit sie nicht austrocknen.

Tipp

Wenn Du zwischen Kuchen und dem äußeren Rand des Boards einen schmalen Spalt hast, fülle ihn mit ein paar Kuchenkrümeln.

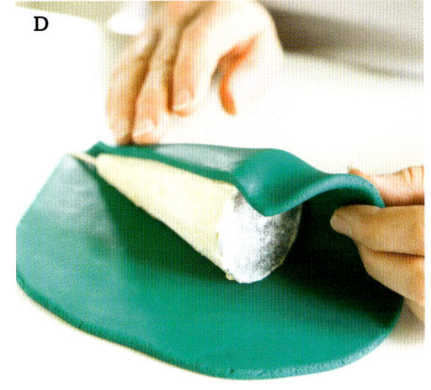

Den grünen Baum eindecken

1 Überziehe einen der Kuchenkegel mit einer dünnen Schicht Frosting als Unterlage für den Rollfondant. Knete den blaugrünen Rollfondant weich und rolle ihn zwischen Ausrollhölzern 5mm dick aus. Drehe die Paste um und schneide eine Seite gerade. Lege den Kuchen seitlich an dieser Schnittkante an und rolle ihn in die Paste ein **(D)**. Da er kegelförmig ist, wird er in einem Bogen rollen. Berücksichtige das, wenn Du ihn auf den Fondant legst.

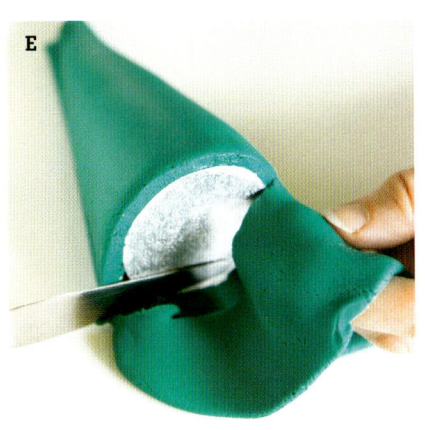

2 Schneide die Paste an der Naht gerade ab und glätte die Naht mit der Wärme Deines Fingers – sie kann später von der Dekoration einfach verdeckt werden. Führe eine Winkelpalette am unteren Rand des Hardboards entlang, um überschüssige Paste zu entfernen **(E)**.

3 Stelle den eingedeckten Kuchen vorsichtig auf einen vorbereiteten Baumstamm und befestige ihn mit etwas Royal Icing. Stelle die anderen Kuchen ebenfalls soweit fertig und lasse sie antrocknen.

Die Dekoration

Die Tauben

1 Stelle jetzt die Tauben her. Knete weiße Modellierpaste weich und gib etwas Pflanzenfett und Wasser dazu, wenn sie zu trocken und bröselig ist. Die Paste sollte elastisch, aber fest sein. Rolle sie sehr dünn aus – die Stärke der Paste ist wichtig für die Tauben: Ist sie zu dick, wird die Form nicht sauber ausgestochen; ist sie zu dünn, wird die Prägung nicht vollständig wiedergegeben.

2 Nimm den Tauben-Ausstecher und drücke ihn wiederholt fest in die ausgerollte Paste, wie hier gezeigt **(F)**. Du benötigst etwa sechs pro Kuchen, je nachdem, wie Du sie anordnen möchtest.

Tipp

Wenn Deine Schnittränder an der Taube nicht sauber werden, schneide sie mit einem Skalpell vorsichtig zurecht.

3 Bepudere die Tauben großzügig mit weißem Glanzpulver, damit sie glänzen und glitzern **(G)**.

Blumen und Schneeflocken

1 Rolle die Pasten in aqua, weiß und mittelgrün zwischen Ausrollhölzern 1 mm dick aus. Schütze sie mit einer Abdeckmatte oder Folie vor dem Austrocknen.

2 Stich Schneeflocken in weiß aus, achtblättrige Blüten in aqua und Kreise mit der Tülle Nr. 18 in mittelgrün. Du benötigst etwa sechs für jeden Kuchen. Bei den Blüten finde ich es einfacher, die Paste auf den Ausstecher zu legen **(H)**, und mit dem Rollstab darüber zu rollen, den Ausstecher dann umzudrehen und die Paste mit einem Pinsel zu lösen. Befestige die Formen mit etwas Lebensmittelkleber aufeinander, wie hier gezeigt **(I)**. Lege eine Schneeflocke für die Baumspitze zurück.

3 Orientiere Dich am Foto meines fertigen Kuchens und befestige die Blumen und Tauben auf Deinen eingedeckten Kuchen. Platziere sie so, dass sie den unteren Rand des Baumes überdecken und weichzeichnen, und lasse für die Schnörkel Platz frei. Befestige die zurückgelegte Schneeflocke an der Baumspitze.

Tipp

*Du kannst Bewegung in die Tauben bringen,
indem Du die Flügel oder die Schwänze
etwas vom Kuchen abstehen lässt.*

Die Schnörkel

1 Knete etwas blaugrüne Modellierpaste sehr weich. Gib zuerst etwas Pflanzenfett hinzu und tauche sie dann in kühles Wasser. Verknete alles gut. Wiederhole dies, bis die Paste weich und elastisch ist. Fülle sie in den Pastenextruder und setze die kleine runde Lochscheibe ein.

2 Zeichne mit einem feinen Pinsel frei Hand Schnörkel aus Lebensmittelkleber zwischen den Dekorationen auf den Kuchen **(J)**; halte Dich dafür an die Fotos.

3 Drücke einen Pastenstrang aus dem Extruder (*fließt die Paste nicht leicht heraus, ist sie nicht weich genug*) und lege ihn mit den Fingern auf einen Abschnitt der Kleberlinie **(K)**. Schneide ihn am Kuchen mit einem Skalpell sauber ab. Prüfe die Form und korrigiere sie mit einem trockenen Pinsel, falls nötig. Der Schnörkel sollte weiche Kurven haben. Arbeite entsprechend mit weiteren Schnörkeln und an den anderen Kuchen.

Gespritzte Tupfen

1 Bereite Dein Royal Icing in der geeigneten Konsistenz vor, um kleine Tupfen ohne Spitzen zu spritzen. Das Icing sollte frisch geschlagen sein.

Tipp

Einfaches Royal Icing kannst Du mit
Superwhite Farbpulver aufhellen.

2 Setze die Tülle Nr. 1,5 in einen kleinen Spritzbeutel und fülle ihn zur Hälfte mit Royal Icing. Stütze Deine Hand ab und halte die Tülle kurz über die Oberfläche des Kuchens. Drücke den Beutel, bis Du einen kleinen Tupfen hast, löse den Druck und ziehe dann erst die Tülle weg, damit Du keine unerwünschten Spitzen bekommst. Spritze Gruppen zu je drei Tupfen zwischen die Dekorationen **(L)**.

Den weißen Baum dekorieren

Der weiße Baum wird sehr ähnlich dekoriert, aber ich habe andere Ausstecher für die Vögel und Blumen verwendet und die Schnörkel durch gespritzte und getupfte Linien ersetzt.

Kuschelige Weihnachten

Für etwas poppigere Weihnachten habe ich für die Farben der Bäume kräftiges Rot und Orange gewählt, was ihnen Wärme und eine luxuriöse Ausstrahlung verleiht. Zur weiteren Inspiration und Ideenfindung habe ich auch die Dekoration geändert.

Du benötigst

* **Kuchen:** zwei Minicakes, 5 cm Durchmesser, für jeden Baum
* **Rollfondant:** rot und orange
* **Modellierpaste:** rot, pink, hellorange und dunkelorange
* **Cakeboard:** rundes Hardboard, gleiche Größe wie der Kuchen
* Runder Holzstab o. ä., 2 cm Durchmesser, für den Baumstamm
* **Ausstecher:** Prägeausstecher Schneeflocke 2,5 cm (Snowflake plunger cutter ,PME), Blüte, achtblättrig gerade (Flat Floral Collection set one, LC), Blüte, achtblättrig spitz (Flat Floral Collection set one, LC), Prägeausstecher Margerite 2 cm und 1,3 cm (daisy Marguerite plunger cutter, PME), runder Ausstecher – Tülle Nr. 18 (PME), Chinesische Schnörkel (Lindy's small Chinese scroll cutter, LC), und kleine stilisierte Blüte (Lindy's small stylized flower cutter, LC)
* Prägesticks Spitze (lace motif – set 19, HP)
* Silikonform Margerite (Daisy Mould Set – FL288, FI)

> *Alles hat seine Schönheit,*
> *aber nicht jeder sieht es.*
>
> Confucius

1 Schnitze die Kuchen und decke sie ein, aber mit rotem und orangefarbenem Rollfondant. Stelle Baumstämme her und befestige die Kuchen darauf.

2 Fertige mehrlagige Blumen an, wie im Hauptprojekt beschrieben, bzw. mache eine Variation in Weiß. Stelle aus orangefarbener Modellierpaste mit der Silikonform kleine orangefarbene Margeriten her.

3 Rolle die rote Modellierpaste dünn aus und präge sie mit einem Spitzen-Prägestick. Stich dann mit dem kleinsten Ausstecher aus dem Stilisierte-Blüten-Set geprägte Blüten aus. Drücke sie am unteren Ende zusammen und rolle sie ein wenig auf, damit sie mehr wie ein vierblättriges Ahornblatt aussehen. Rolle als nächstes die hellorangefarbene Modellierpaste aus und präge sie mit einem anderen Spitzenmotiv. Stich mit dem kleinsten Chinesische-Schnörkel-Ausstecher Formen aus.

4 Befestige alle Teile an Deinen Bäumen. Ich habe sie dieses Mal vollgepackt und alle Zwischenräume mit kleinen Margeriten gefüllt.

Zubehör

Das folgende Zubehör ist beim Backen und Dekorieren Deiner Minicakes allgemein sehr nützlich. Spezielle Werkzeuge, wie Prägeausstecher, Silikonformen und Ausstecher werden beim jeweiligen Projekt aufgelistet und in Fotos der Anleitungen gezeigt.

Rührschüsseln in verschiedenen Größen **(1)**
Kleine Cakeboards (2)
Backpapier zum Auslegen der Formen **(3)**
Kuchengitter zum Abkühlen der Kuchen **(4)**
Schnitzmesser - scharfes, langes Konditormesser, zum Geradeschneiden und Schnitzen von Formen **(5)**
Zahnstocher zum Markieren und für die Entnahme kleiner Mengen Farbe **(6)**
Messlöffel zum genauen Abmessen **(7)**
Pinsel - in verschiedenen Größen, zum Tupfen, Malen und Pudern **(8)**
Spritztüllen zum Spritzen, als Einsatz im Pastenextruder und als kleine Ausstecher **(9)**
Rollstäbe zum Ausrollen der Pasten **(10)**
Scheren zum Ausschneiden von Vorlagen und Zurechtschneiden von Pastenteilen **(11)**
Geo-Dreieck für genaues Ausrichten **(12)**
Ausrollhölzer - 5 mm und 1 mm zum Ausrollen der Pasten **(13)**
Abdeckmatte / Frischhaltefolie zum Schutz ausgerollter Paste vor dem Austrocknen **(14)**
Multi-Mini Backformen (15)
Verstellbare Backform zum Backen quadratischer Kuchen zum Zurechtschnitzen **(16)**

Werkzeuge:

- Ball Tool (FMM) zum Ausdünnen von Blatträndern **(17)**

- Skalpell, für feine Schnitte **(18)**

> Am besten hast Du Dein Werkzeug immer bei Dir. Falls nicht, triffst Du vielleicht auf etwas Unerwartetes und wirst entmutigt.
>
> Steven King

- Schneiderädchen (PME), damit verzieht sich die Paste nicht beim Schneiden **(19)**

- Dresden Tool, zum Prägen der Paste **(20)**

- Winkelpalette zum Verstreichen und Abtrennen **(21)**

- Scriber (PME) zum Markieren rund um Vorlagen, zum Anstechen von Luftblasen in Paste und zum Entfernen kleiner Pastenteile **(22)**

- Glätter, nützlich um der Paste eine glatte Oberfläche zu geben und scharfe Kanten zu formen **(23)**

- Pastenextruder und Lochscheiben zum Herstellen gleichmäßiger Stränge aus Modellierpaste **(24)**

Arbeitsboard - groß oder klein, antihaft-beschichtet, zum Ausrollen von Paste **(25)**
Holzlöffel zum Rühren von Frosting, Ganache etc. **(26)**
Backpinsel zum Einstreichen, z. B. Aprikosenmarmelade auf Früchtekuchen **(27)**

Maßangaben

Leser, die lieber mit Cup-Maßen arbeiten, finden hier die entsprechenden Umrechnungsgrößen (Beachte: 1 EL = 15 ml aber 1 Australian EL = 20 ml):

Butter 115 g = 1 Stück / ½ Cup, 225 g = 2 Stücke / 1 Cup, 25 g = 2 EL, 15 g = 1 EL

Feinster Zucker 200 g = 1 Cup, 25 g = 2 EL

Mehl 125 g = 1 Cup

Puderzucker 115 g = 1 Cup

Flüssigkeiten 250 ml = 1 Cup, 125 ml = ½ Cup

Feiner brauner Zucker 210 g = 1 Cup

Spritztüllen

Folgende Spritztüllen wurden in diesem Buch verwendet. Da die Nummerierung je nach Hersteller abweichen kann, prüfe immer den Durchmesser der Tülle:

Tülle Nr. (PME)	Durchmesser
0	0,5 mm
1	1 mm
1,5	1,2 mm
3	2 mm
16	5 mm
18	7 mm

Minicakes backen

Minicakes bringen beim Backen viel Spaß und sind ideale Geschenke. Du kannst Minicakes aus größeren Kuchen aus-schneiden oder spezielle Backformen verwenden, mit denen Du mehrere kleine Kuchen auf einmal backen kannst. Alternativ kannst Du als Backformen auch Konservendosen, ofenfestes Geschirr und sogar Blumentöpfe benutzen.

Auslegen der Formen

Du kannst die im Handel erhältlichen Backtrennsprays verwenden, aber ich bevorzuge immer noch die traditionelle Methode, Formen mit Backpapier auszulegen, besonders bei den Multi-Mini-Backformen. In sauber ausgelegten Formen klebt der Teig nicht an und der Kuchen hat eine gute Form. In den Mini-Backformen geht der Teig beim Backen im Backpapier auch über den Rand der Form hinaus. Dann ist die Höhe in cm gleich groß zum Durchmesser. Nimm Backpapier in guter Qualität, das für diesen Zweck vor-gesehen ist. Es sollte immer ohne Luftpolster direkt an der Form anliegen. Die obere Kante des Papiers sollte nicht in den Teig hängen, befestige sie mit etwas Fett an der Form oder knicke sie leicht um.

Multi-Mini-Backformen

Lege das Basisblech mit einem passenden Stück Backpapier aus. Schneide dann Streifen aus, die etwas länger sind als der Umfang der Formen und breiter als ihre Höhe. Lege in jede Form einen Streifen und lasse seinen Enden etwas überlappen.

Quadratisch und rechteckig

Miss den Umfang der Form aus und schneide einen Streifen Backpapier zu, der etwas länger ist. Er sollte 5 cm breiter sein als die Höhe der Form. Falte eine Längsseite (unterer Rand) 2,5 cm breit um. Markiere den Streifen in Abständen, die der Seitenlänge der Form entsprechen, und schneide den 2,5 cm breiten Rand an diesen Stellen ein, damit Du das Papier gut in die Ecken legen kannst. Fette die Form leicht ein und lege den Streifen hinein, den eingeschnittenen schmalen Rand auf den Boden der Form, mit den Schnitten in den Ecken. Lege dann ein Stück Backpa-pier passend auf den Boden der Form.

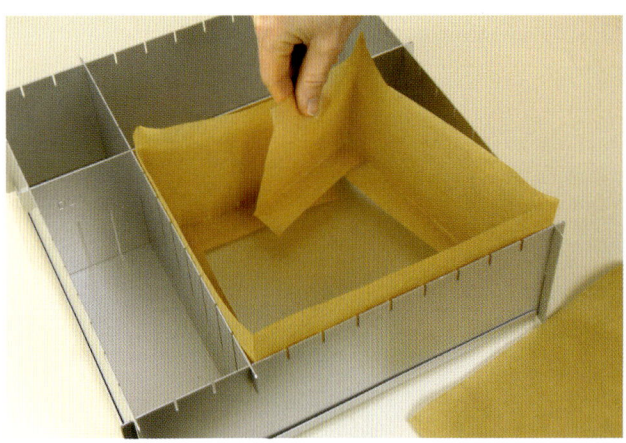

Kuchenrezepte

Der Kuchen, der sich unter der Dekoration befindet, ist sehr wichtig – er sollte saftig sein, das zusätzliche Gewicht des Fondants tragen können und vor allem köstlich schmecken. Hier folgen meine erprobten und bewährten Rezepte – viel Spaß beim Backen!

Madeirakuchen

Ein fester und saftiger Kuchen. Er eignet sich hervorragend zum Schnitzen und Eindecken mit Rollfondant und hält sich bis zu zwei Wochen.

Multi-Mini-Backformen	16 Minicakes, 5 cm rund	16 Minicakes, 6,5 cm rund	16 Minicakes, 7,5 cm rund
Andere Backformen	18 cm rund und 15 cm quadratisch, je 7,5 cm hoch	23 cm rund und 20 cm quadratisch, je 7,5 cm hoch	28 cm rund und 25,5 cm quadratisch, je 7,5 cm hoch
Butter	225 g	450 g	730 g
Feinster Zucker	225 g	450g	730 g
Mehl	345 g	665 g	1.075 g
Backpulver	5 g	10 g	16 g
Eier Größe L	4	8	13
Backzeit für Minicakes	40 Minuten	50 Minuten	1 Std

1 Heize den Backofen auf 160 °C vor. Fette die Backformen ein und lege sie mit Backpapier aus.

2 Rühre Butter und Zucker in einer großen Rührschüssel zu einer lockeren, schaumigen und sehr hellen Masse. Das dauert in der Küchenmaschine etwa 5 Minuten. Siebe Mehl und Backpulver und eine Prise Salz in eine separate Schüssel.

3 Rühre die Eier (die Raumtemperatur haben sollten) einzeln unter die Masse und gib je einen Löffel Mehl dazu, damit die Masse nicht gerinnt.

4 Hebe das restliche Mehl vorsichtig mit einem großen Metalllöffel unter. Jetzt kannst Du weitere Zusätze je nach Geschmack dazugeben.

5 Fülle den Teig in die Backformen und backe die Kuchen, bis sie gut aufgegangen sind, sich fest anfühlen und bei der Stäbchenprobe kein Teig kleben bleibt. Passe die Backzeit Deinem Ofen an.

6 Lasse die Kuchen in der Form abkühlen. Wickele sie dann mit dem Backpapier in Aluminiumfolie oder stelle sie in einen luftdicht verschlossenen Behälter. Lasse sie mindestens 12 Stunden ruhen, bevor Du sie gerade schneidest.

Tipp

Passe die Zeiten Deinem ganz individuellen Backofen an..

Tipp

Schlage jedes Ei vorsichtig in eine Tasse auf, damit keine Schalenstückchen in den Teig fallen.

Geschmacksrichtungen

Madeirakuchen wird traditionell mit Zitrone zubereitet, aber er kann sehr unterschiedlich abgeschmeckt werden. Dazu hier ein paar Vorschläge. Die Mengenangaben gelten für einen Kuchen mit vier Eiern – erhöhe oder reduziere sie, je nach Größe Deines Kuchens.

- Zitrone: fein abgeriebene Schale von zwei Zitronen
- Vanille: 5 ml (1 TL) Vanille-Extrakt
- Kirsche: 250 g kandierte Kirschen, halbiert
- Früchte: 250 g Sultaninen, Korinthen, Rosinen oder Datteln
- Kokos: 75 g Kokosflocken
- Mandeln: 5 ml Mandelextrakt und 30 ml (2 EL) gemahlene Mandeln

Schokoladenkuchen

Dieser leckere, saftige, aber trotzdem feste Schokoladenkuchen eignet sich hervorragend zum Schnitzen und Eindecken mit Fondant. Er hält sich bis zu zwei Wochen. Das Geheimnis dieses Kuchens liegt in der hochwertigen Schokolade mit hohem Anteil an Kakaobestandteilen. Lasse Dich nicht dazu verleiten, billige Schokolade mit geringem Kakaoanteil zu kaufen, oder sogar Backschokolade aus dem Supermarkt – Du wirst nicht den vollen intensiven Geschmack erzielen, den dieser Kuchen bietet!

Tipp

Du kannst den Teig sehr gut in die Mini-Backformen füllen, wenn Du ihn mit einem großen Spritzbeutel hinein spritzt.

Multi-Mini-Backformen	16 Minicakes, 5 cm rund	16 Minicakes, 6,5 cm rund	16 Minicakes, 7,5 cm rund
Andere Backformen	18 cm rund und 15 cm quadratisch, je 7,5 cm hoch	23 cm rund und 20 cm quadratisch, je 7,5 cm hoch	28 cm rund und 25,5 cm quadratisch, je 7,5 cm hoch
Dunkle Schokolade	225 g	425 g	550 g
Butter	175 g	275 g	450 g
Feinster Zucker	115 g	175 g	275 g
Eier Größe L	6	10	16
Puderzucker	40 g	70 g	115 g
Mehl + Backpulver	170 g + 5 g	265 g + 7 g	435 g + 10 g
Backzeit für Mini-Cakes	30 Minuten	45 Minuten	60 Minuten

1 Heize den Backofen auf 180 °C vor. Fette die Backformen ein und lege sie mit Backpapier aus.

2 Schmilz die Schokolade im Wasserbad oder in der Mikrowelle. Rühre Butter und Zucker in einer großen Rührschüssel zu einer lockeren, schaumigen und hellen Masse.

3 Trenne die Eier. Rühre das Eigelb portionsweise gut unter, dann die geschmolzene Schokolade. Schlage in einer weiteren Schüssel das Eiweiß steif und rühre den Puderzucker nach und nach unter.

4 Siebe Mehl, Backpulver und eine Prise Salz in eine weitere Schüssel und hebe sie mit einem Metalllöffel abwechselnd mit dem Eischnee unter die Schokoladenmasse.

5 Fülle den Teig mit einem Löffel oder Spritzbeutel in die Backformen und backe ihn. Die Backzeit hängt von Deinem Backofen, den verwendeten Backformen und der Höhe des Kuchens ab. Der Kuchen sollte gut aufgegangen sein, sich fest anfühlen und bei der Stäbchenprobe darf kein Teig mehr kleben bleiben. Passe die Backzeit entsprechend an.

6 Lasse die Kuchen in der Form etwas abkühlen und stelle sie dann zum vollständigen Auskühlen auf ein Kuchengitter. Wickele sie mit dem Backpapier in Aluminiumfolie oder stelle sie in einen luftdicht verschlossenen Behälter. Lasse sie mindestens 12 Stunden ruhen, bevor Du sie gerade schneidest.

Früchtekuchen

Der Früchtekuchen ist ein traditionelles Rezept, voll mit kandierten und getrockneten Früchten - üblicherweise in Alkohol eingelegt - Nüssen und Gewürzen. Die Qualität der Früchte beeinflusst den Geschmack des Kuchens stark, also nimm die besten, die Du finden kannst. Der Kuchen sollte mindestens einen Monat reifen, damit sich die Aromen voll entwickeln können. Wenn Du keinen Alkohol im Kuchen magst, ersetze ihn durch Apfel- oder Orangensaft, oder versuche mal Trauben- oder Granatapfelsaft. Beachte, dass der Kuchen ohne den Alkohol nicht so lange haltbar ist.

Multi-Mini-Backformen	16 Minicakes, 5 cm rund	16 Minicakes, 6,5 cm rund	16 Minicakes, 7,5 cm rund
Andere Backformen	18 cm rund und 15 cm quadratisch, je 7,5 cm hoch	23 cm rund und 20 cm quadratisch, je 7,5 cm hoch	28 cm rund und 25,5 cm quadratisch, je 7,5 cm hoch
Sultaninen	175 g	275 g	550 g
Korinthen	175 g	275 g	550 g
Rosinen	175 g	275 g	550 g
Kandierte Zitrusschale	75 g	150 g	275 g
Weinbrand	25 ml	37,5 ml	75 ml
Mehl	175 g	275 g	550 g
Mandeln, gemahlen	40 g	70 g	150 g
Lebkuchengewürz	3,5 ml	6,5 ml	12,5 ml
Butter	175 g	275 g	550 g
Feiner brauner Zucker	175 g	275 g	550 g
Eier	3	5	10
Rübensirup	15 ml	20 ml	37,5 ml
Vanille-Extrakt	2,5 ml	3,5 ml	6,5 ml
Kandierte Kirschen	75 g	150 g	275 g
Mandeln, gehackt	40 g	70 g	150 g
Saft und Schale von Zitronen	¾	1¼	2½
Backzeit für Mini-Cakes (in etwa)			
Bei 150 °C	30 Minuten	60 Minuten	75 Minuten
Bei 120 °C	30 Minuten	60 Minuten	90 Minuten

1 Lege die Trockenfrüchte über Nacht in Weinbrand ein.

2 Heize den Backofen auf 150 °C vor. Mische Mehl, Gewürze und gemahlene Mandeln in einer Schüssel. Rühre in einer weiteren Schüssel Butter und Zucker zu einer lockeren, schaumigen und hellen Masse, aber rühre sie nicht zu viel!

3 Verquirle Eier mit Sirup und Vanille, rühre sie dann portionsweise unter die Buttermasse und gib je einen Löffel Mehl dazu.

4 Spüle die Kirschen ab, hacke sie und gib sie zu den Trockenfrüchten, zusammen mit Zitronensaft und der abgeriebenen Schale, den gehackten Mandeln und einer kleinen Menge Mehl. Hebe das restliche Mehl unter die Butter-Ei-Masse und ziehe dann die Trockenfrüchte unter. Gib weiteren Weinbrand oder Milch dazu, falls nötig.

5 Fülle die Mischung vorsichtig in die Backformen und backe sie bei 150 °C für die genannte Dauer. Reduziere dann die Temperatur auf 120 °C und backe die Kuchen gemäß Tabelle in der genannten Zeit fertig. Sie fühlen sich dann fest an und bei der Stäbchenprobe bleibt nichts kleben. Passe die Backzeit Deinem Ofen an. Lasse die Kuchen in der Form abkühlen, Du kannst während dieser Zeit noch Weinbrand nach Geschmack zufügen. Stich sie dazu von oben an und löffele etwas Weinbrand darüber.

6 Wickele die Kuchen mitsamt Backpapier in weiteres Backpapier und dann in Aluminiumfolie. Lagere sie nie direkt in Aluminiumfolie, da die Fruchtsäure die Folie angreift. Lagere die Kuchen kühl und trocken. Früchtekuchen entwickelt sein volles Aroma erst, wenn er mindestens einen Monat reifen kann.

Saftiger Toffeekuchen

Saftig und fest, lecker und süß, mit einem tollen Geschmack – mit diesem Rezept backst Du umwerfende Minicakes. Sie sollten am besten innerhalb einer Woche verzehrt werden.

Tipp

Minicakes können schnell trocken werden, also lasse sie nicht zu lange offen stehen.

Multi-Mini-Backformen	16 Minicakes, 5 cm rund	16 Minicakes, 6,5 cm rund	16 Minicakes, 7,5 cm rund
Andere Backformen	18 cm rund und 15 cm quadratisch, je 7,5 cm hoch	23 cm rund und 20 cm quadratisch, je 7,5 cm hoch	28 cm rund und 25,5 cm quadratisch, je 7,5 cm hoch
Butter	175 g	350 g	580 g
Brauner Zucker (Muscovado)	125 g	250 g	415 g
Goldfarbener Sirup	150 g	300 g	500 g
Dunkler Rübensirup	75 g	150 g	250 g
Vanille-Extrakt	1 TL	2 TL	3 TL
Eier Größe L	3	6	10
Crème double oder Crème fraîche	2 EL	4 EL	7 EL
Datteln, gehackt	75 g	150 g	250 g
Mehl + Backpulver	195 g + 5 g	390 g + 10 g	653 g + 17 g
Backzeit für Mini-Cakes	35 Minuten	50 Minuten	70 Minuten

1 Heize den Backofen auf 180 °C vor. Lege die Backformen mit Backpapier aus.

2 Erwärme die Butter etwas, bis sie weich, aber nicht flüssig ist – am besten in der Mikrowelle.

3 Gib alle Zutaten außer den Datteln in eine große Rührschüssel und vermische sie gut. Ich nehme dazu die Küchenmaschine, aber ein elektrisches Handrührgerät ist genauso gut.

4 Ziehe zum Schluss die gehackten Datteln unter und fülle den Teig in die Mini-Backformen. Sie sollten etwa zu 2/3 gefüllt sein und die Datteln gleichmäßig verteilt.

5 Backe die Kuchen, bis sie gut aufgegangen und in der Mitte gerade fest sind, oder bis bei der Stäbchenprobe nichts mehr kleben bleibt. Lasse sie vollständig in der Form abkühlen.

Orangen-Mohn-Minicakes

Ich habe mich in diese köstlichen Kuchen verliebt, als ich vor einigen Jahren Kurse in Australien gab. Der intensive Geschmack von Mohn und Orange und die interessante Textur des Kuchens nahmen mich gefangen! Diese Kuchen sollten am besten innerhalb von zwei Wochen verzehrt werden.

Tipp

Selbstgemachte kandierte Zitrusschalen sind immer köstlich und nicht zu schwierig herzustellen. Probier' es aus und backe diese Kuchen damit - einfach göttlich!

Multi-Mini-Backformen	16 Minicakes, 5 cm rund	16 Minicakes, 6,5 cm rund	16 Minicakes, 7,5 cm rund
Andere Backformen	18 cm rund und 15 cm quadratisch, je 7,5 cm hoch	23 cm rund und 20 cm quadratisch, je 7,5 cm hoch	28 cm rund und 25,5 cm quadratisch, je 7,5 cm hoch
Butter	185 g	370 g	620 g
Feinster Zucker	160 g	320 g	530 g
Gelee (Zitrus)	100 g	200 g	330 g
Mandel-Extrakt	¼ TL	½ TL	1 TL
Orangenschale, abgerieben von:	2 Orangen	4 Orangen	7 Orangen
Orangensaft	80 ml	160 ml	270 ml
Mehl + Backpulver	180 g + 5 g	360 g + 10 g	605 g + 15 g
Mandeln, gemahlen	60 g	120 g	200 g
Mohn	40 g	80 g	135 g
Kandierte Zitrusschale	50 g	100 g	170 g
Eier Größe L	3	6	10
Backzeit für Mini-Cakes	30 Minuten	45 Minuten	60 Minuten

1 Heize den Backofen auf 160 °C vor. Fette die Backformen ein und lege sie mit Backpapier aus.

2 Gib Butter, Zucker, Gelee, Mandel-Extrakt, Orangen-schale und –saft in einen Topf und erhitze den Inhalt auf kleiner Flamme unter Rühren, bis alles geschmolzen ist.

3 Mische Mehl, Backpulver, eine Prise Salz, Mandeln und Mohn in einer Schüssel. Gib die kandierte Zitrusschale dazu und drücke eine Mulde in die Mitte. Gieße die abgekühlte flüssige Mischung langsam hinein und rühre alles glatt.

4 Gib die verquirlten Eier dazu und rühre sie gut unter.

5 Gieße den Teig in die vorbereiteten Backformen. Backe die Kuchen, bis sie gut aufgegangen und in der Mitte gerade fest sind, oder bis bei der Stäbchenprobe nichts mehr kleben bleibt. Passe die Backzeit Deinem Ofen an. Lasse die Kuchen vollständig in der Form abkühlen.

6 Bestreiche die Kuchen mit Orangenlikör, z. B. Cointreau, bevor Du sie eindeckst.

Veganer Schokoladenkuchen

Eine perfekte Überraschung für jemanden, der keine Eier und Milchprodukte isst. Dieser Kuchen war auf meinem Blog der Hit und wurde für den Freund meines Sohnes entwickelt, der unter Ei-Allergie leidet. Ich fühlte mich immer so schlecht, wenn ich ihm keinen Kuchen anbieten konnte! Das Rezept ergibt einen relativ leichten Kuchen, aber immer noch stabil genug, den Rollfondant zu tragen. Ich überziehe ihn gern mit Schokoladen-Ganache, aber diese sollte dann auch vegan sein.

Tipp
Ersetze für eine vegane Ganache die Sahne durch dicke Kokosmilch.

Multi-Mini-Backformen	16 Minicakes, 5 cm rund	16 Minicakes, 6,5 cm rund	16 Minicakes, 7,5 cm rund
Andere Backformen	18 cm rund und 15 cm quadratisch, je 7,5 cm hoch	23 cm rund und 20 cm quadratisch, je 7,5 cm hoch	28 cm rund und 25,5 cm quadratisch, je 7,5 cm hoch
Mehl	260 g	520 g	870 g
Brauner Zucker (Muscovado)	250 g	500 g	840 g
Kakaopulver	4 EL	8 EL	13½ EL
Natron	1¼ TL	2½ TL	3¾ TL
Wasser	300 ml	615 ml	1 Liter
Sonnenblumenöl	120 ml	250 ml	400 ml
Balsamico-Essig	1 EL	2½ EL	4 EL
Vanille-Extrakt	1 TL	1½ TL	4 TL
Backzeit für Mini-Cakes	30 Minuten	40 Minuten	50 Minuten

1 Heize den Backofen auf 180 °C vor. Fette die Backformen ein und lege sie mit Backpapier aus. Beachte: Der Teig ist recht dünnflüssig, deshalb sollte das Backpapier gut sitzen und dicht schließen.

2 Siebe Mehl, Zucker, Kakaopulver und Natron in eine Schüssel und vermische alles.

3 Drücke eine Mulde in die Mitte, gieße die flüssigen Zutaten hinein und rühre, bis sich alles gerade gut vermischt hat.

4 Gieße den Teig vorsichtig in die vorbereiteten Backformen. Jede sollte etwa zu zwei Dritteln gefüllt sein.

5 Backe die Kuchen im vorgeheizten Backofen, bis bei der Stäbchenprobe nichts mehr kleben bleibt. Passe die Backzeit dabei Deinem Backofen an. Lasse den Kuchen fünf Minuten in den Formen abkühlen, bevor Du sie zum vollständigen Auskühlen auf ein Kuchengitter setzt.

Zuckerpasten

Die meisten Produkte zum Überziehen, Eindecken und Dekorieren kannst Du gut selbst herstellen.

Rollfondant

Gebrauchsfertiger Rollfondant zum Eindecken ist im Handel erhältlich. Es gibt ihn in Weiß und einer breiten Farbpalette – Du kannst ihn aber auch einfach und kostengünstig selbst herstellen.

Ergibt 1kg

* 60 ml (4 EL) kaltes Wasser
* 20 ml (4 TL bzw. 1 Päckchen) gemahlene Gelatine
* 125 ml Glukosesirup
* 15 ml (1 EL) Glyzerin
* 1 kg Puderzucker plus etwas mehr für die Arbeitsfläche

1 Gib das Wasser in eine kleine Schüssel, streue die Gelatine darüber und lasse sie quellen. Erwärme sie unter Rühren über einem Wasserbad, bis sich die Gelatine aufgelöst hat. Gib Glukose und Glyzerin dazu und rühre alles glatt und flüssig.

2 Siebe den Puderzucker in eine große Schüssel. Drücke eine Mulde in die Mitte und gieße unter ständigem Rühren die flüssige Mischung hinein. Vermische alles gut. Kippe die Masse dann auf eine mit Puderzucker bestäubte Arbeitsfläche und knete sie weich. Streue etwas zusätzlichen Puderzucker darüber, wenn die Paste zu sehr klebt. Du kannst den Rollfondant sofort verwenden oder eng in Frischhaltefolie verpackt in einem luftdicht verschlossenen Behälter bis zum weiteren Gebrauch lagern.

Modellierpaste

Diese Paste wird zum Dekorieren von Kuchen verwendet. Sie hält gut ihre Form und trocknet härter aus als Rollfondant. Es gibt sie fertig zu kaufen, Du kannst sie aber deutlich billiger selbst herstellen.

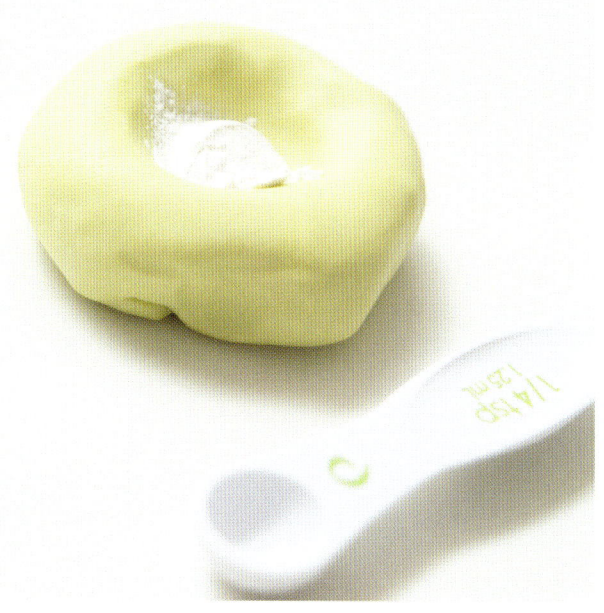

Ergibt 225g

* 225 g Rollfondant
* 5 ml Tragant

1 Drücke eine Mulde in den Rollfondant und gib den Tragant hinein – verknete beides gut.

2 Verpacke die Paste in einen Gefrierbeutel und lasse das Bindemittel wirken. Du fühlst die erste Veränderung in der Paste nach etwa einer Stunde, aber am besten lässt Du sie über Nacht ruhen. Modellierpaste sollte fest, aber dehnbar sein, mit einer leicht elastischen Textur. Durch Kneten wird sie warm und lässt sich leicht bearbeiten.

Tipps

Wenn die Paste zu hart ist, gib etwas Pflanzenfett und kaltes Wasser dazu und knete, bis sie weich ist.

Wenn Du nicht viel Zeit hast, verwende CMC statt Tragant. Das ist ein synthetisches Bindemittel, aber es wirkt meistens sofort.

Lege die Paste ein paar Sekunden in die Mikrowelle, um sie vor Gebrauch anzuwärmen.

Pastillage

Diese Paste verwendest Du für Dekorationen, die den Kuchen seitlich oder nach oben überragen. Sie ist sehr nützlich, denn sie wird äußerst hart und ist nicht so feuchtigkeitsempfindlich wie andere Pasten. Aber sie trocknet sehr schnell und ist dann extrem bruchanfällig. Du kannst sie in Pulverform kaufen und anrühren, oder selbst herstellen.

Ergibt 350g

* 1 Eiweiß
* 300 g Puderzucker (gesiebt)
* 10 ml Tragant

1 Gib das Eiweiß in eine große Rührschüssel. Rühre nach und nach so viel Puderzucker dazu, bis sich eine Kugel formt. Mische den Tragant unter und kippe die Masse dann auf eine Arbeitsfläche, um die Pastillage gut durchzukneten.

2 Arbeite den restlichen Puderzucker ein, bis Du eine feste Paste hast. Die Pastillage lässt sich in einem Gefrierbeutel in einem luftdicht verschlossenen Behälter im Kühlschrank bis zu einem Monat lagern.

Blütenpaste

Blütenpaste, aus der man zarte Blüten formen kann, ist im Handel in Spezial-Geschäften erhältlich. Es gibt sie in weiß und einer Vielzahl von Farben. Sie ist in verschiedenen Qualitäten erhältlich, also teste ein paar, um herauszufinden, mit welcher Du am besten arbeiten kannst. Alternativ kannst Du sie auch selbst herstellen, aber es kostet Zeit und Du brauchst eine sehr starke Küchenmaschine.

Ergibt 500g

* 500 g Puderzucker
* 15 ml Tragant
* 25 ml kaltes Wasser
* 10 ml Gelatine, gemahlen
* 10 ml Glukosesirup
* 15 ml weißes Pflanzenfett
* 1 Eiweiß Größe M

1 Siebe Puderzucker und Tragant in die eingefettete Rührschüssel einer starken Küchenmaschine (*durch das Fett wird das Rühren erleichtert*).

2 Gib das Wasser in eine kleine Schüssel und streue die Gelatine darüber. Lasse sie quellen. Erhitze die Mischung unter Rühren über einem Wasserbad, bis die Gelatine sich aufgelöst hat. Gib Glukosesirup und Pflanzenfett hinzu und rühre, bis alle Zutaten geschmolzen und gut vermischt sind.

3 Gib die Mischung mit dem Eiweiß zum Puderzucker dazu. Rühre die Mischung sehr langsam, bis alles vermischt ist – die Masse ist jetzt beigefarben – und stelle dann die Geschwindigkeit auf Maximum, bis die Paste weiß ist und Fäden zieht.

4 Nimm die Paste mit gefetteten Händen aus der Schüssel. Dehne und ziehe sie ein paarmal, dann knete sie zusammen. Verpacke sie in einem Gefrierbeutel und lagere sie in einem luftdicht verschlossenen Behälter. Sie sollte mindestens 12 Stunden ruhen.

Tipps

Blütenpaste trocknet schnell, nimm deshalb immer nur die Menge heraus, die Du benötigst, und verpacke den Rest gleich wieder.

Bearbeite sie gut mit den Fingern – sie klickt, wenn sie gebrauchsfähig ist.

Ist sie zu hart und bröselig, gib etwas Eiweiß und Pflanzenfett dazu – das Fett verzögert die Trocknung und das Eiweiß macht sie elastischer.

Frosting

Frosting ist sehr vielfältig einsetzbar. Hier habe ich es zum Füllen der Kuchen und zum Überziehen verwendet, damit der Rollfondant besser am Kuchen haftet. Dieses Standard-Rezept ist ganz leicht herzustellen.

Ergibt 450g

* 110 g Butter
* 350 g Puderzucker
* 15–30 ml (1–2 EL) Milch oder Wasser
* Ein paar Tropfen Vanille-Extrakt oder anderes Aroma

1 Gib die Butter in eine Schüssel und schlage sie locker und schaumig auf. Siebe den Puderzucker darüber und schlage weiter, bis die Masse die Farbe verändert.

2 Gib gerade so viel Milch oder Wasser dazu, bis die Masse fest, aber streichfähig ist. Aromatisiere sie mit Vanille oder in einer anderen Geschmacksrichtung. Lagere das Frosting in einem luftdicht verschlossenen Behälter bis zur Verwendung.

Schokoladenganache

Ganache eignet sich hervorragend zum Füllen und Überziehen von Minicakes, denn sie wird fest und macht damit das Eindecken mit Rollfondant sehr viel einfacher. Ein Muss für alle Schokoholics – nimm die beste Schokolade, die Du kaufen kannst.

Dunkle Schokoladenganache:

Ergibt 400g

* 200 g hochwertige Zartbitterschokolade
* 200 ml süße Sahne

Weiße Schokoladenganache:

Ergibt 280g

* 200 g hochwertige weiße Schokolade
* 80 ml süße Sahne

1 Schmilz Schokolade und Sahne unter Rühren zusammen in einer Schüssel über einem Wasserbad. Oder Du schmilzt sie auf niedriger Stufe in der Mikrowelle und rührst die Masse etwa alle 20 Sekunden um.

2 Lasse sie soweit abkühlen, bis sie mit einer Winkelpalette verteilt werden kann.

Schnelles Royal Icing

Mit diesem Rezept kannst Du Royal Icing sehr schnell herstellen, wenn nur kleine Mengen benötigt werden, oder wenn Du einen starken "Kleber" brauchst.

* 1 Eiweiß Größe L
* 250 g Puderzucker (gesiebt)

1 Schlage das Eiweiß in einer Rührschüssel leicht auf, rühre dann nach und nach den Puderzucker unter, bis die Masse glänzt und weiche Spitzen formt.

2 Lagere Dein Royal Icing in einem luftdicht verschlossenen Behälter. Bedecke es mit Frischhaltefolie und einem feuchten Tuch, bevor Du den Deckel schließt, damit sich keine Kruste bildet. Bewahre es im Kühlschrank auf.

3 Erwärme es vor Gebrauch auf Raumtemperatur und verstreiche es auf Deiner Arbeitsfläche mit einer Winkelpalette oder einem Messer, um eingeschlossene Luftblasen zu entfernen.

Royal Icing der Profis

Für feine Spritzarbeiten zahlt sich die Mühe aus, dieses Icing herzustellen – selbst wenn Du das Eiweiß schon am Vortag vorbereiten musst. Verwende dieses Rezept für das Projekt "Rund um die Shetland-Inseln".

* 90 g Eiweiß (etwa 3 Eier)
* 455 g Puderzucker (gesiebt)
* 5–7 Tropfen Zitronensaft, wenn frische Eier verwendet werden

1 Trenne die Eiweiße am Vortag, streiche sie durch ein feines Sieb. Bedecke sie und stelle sie in den Kühlschrank, damit sie kräftiger werden.

2 Achte peinlich darauf, dass Dein ganzes Zubehör sauber ist – selbst kleinste Fettreste können Dein Icing verderben.

3 Gib das Eiweiß in die Schüssel der Küchenmaschine, rühre den gesiebten Puderzucker und Zitronensaft ein.

4 Rühre die Masse mit dem Schneebesen auf niedrigster Stufe 10 – 20 Minuten durch, bis sich weiche Spitzen bilden. Die Zeit hängt von Deiner Küchenmaschine ab. Wenn sich Spitzen formen, die sanft umfallen, hat das Icing die richtige Konsistenz erreicht.

Tipp

Du kannst das frische Eiweiß durch Trockeneiweiß ersetzen.

5 Lagere Dein Royal Icing in einem luftdicht verschlossenen Behälter. Bedecke es mit Frischhaltefolie und einem feuchten Tuch, bevor Du den Deckel schließt, damit sich keine Kruste bildet. Bewahre es im Kühlschrank auf. Erwärme es vor Gebrauch auf Raumtemperatur.

Lebensmittelkleber

Sehr oft reicht Wasser, um Deine Dekoration auf dem Kuchen zu befestigen. Wenn Du aber einen festeren Halt benötigst, findest Du hier zwei Varianten.

Zuckerkleber

Das ist eine einfache, schnelle und haltbare Variante, die ich persönlich bevorzuge. Brich weiße Modellierpaste in kleine Stücke, fülle sie in einen Behälter und übergieße sie mit kochendem Wasser. Rühre, bis sich alles aufgelöst hat. Du erhältst einen dickflüssigen, starken Kleber, den Du bei Bedarf mit kaltem Wasser verdünnen kannst.

Wenn Du einen noch stärkeren Kleber benötigst, verwende Pastillage statt Modellierpaste. Das ist bei empfindlichen Arbeiten empfehlenswert.

Weißes Pflanzenfett

Hier handelt es sich um ein festes weißes Fett, oft unter dem Markennamen bekannt. In England Trex, in Amerika Crisco, in Deutschland Biskin oder Palmin. Diese Produkte sind bei der Tortendekoration alle gleich gut einsetzbar.

Aprikosen-Überzug

Eine Glasur, mit der traditionell Marzipan auf Früchtekuchen befestigt wird. Du kannst auch andere Marmeladen oder Gelees verwenden, z. B. Apfelgelee. Besonders lecker schmeckt Johannisbeergelee auf Schokoladenkuchen, wenn damit Marzipan eingedeckt wird. Gib 115 g Aprikosenmarmelade und 30 ml Wasser in einen Topf. Erwärme den Inhalt vorsichtig, bis sich die Marmelade auflöst. Dann koche alles etwa 30 Sekunden lang auf. Streiche die Glasur vorher durch ein Sieb, wenn sie Fruchtstückchen enthält. Verwende sie warm.

Minicakes eindecken

Folge diesen Grundtechniken, um einen hübschen und professionell eingedeckten Minicake herzustellen. Mit Achtsamkeit und Übung wirst Du schnell ein perfektes Äußeres gestalten können.

Den Kuchen geradeschneiden

Ein perfekter Unterbau ist ganz wichtig, damit Dein süßes kleines Werk gut aussieht. Wenn Du die Kuchen in einer Multi-Mini-Backform backst, stelle sie einfach zurück in die Form und schneide sie mit einem scharfen Messer entlang des oberen Randes der Form gerade **(A)**. Die Kuchen sind dann perfekt gerade geschnitten.

Den Kuchen füllen

Bei den hier angegebenen Rezepten musst Du die Kuchen nicht unbedingt füllen. Allerdings mögen viele Leute aktuelle Trends und füllen die Kuchen mit Orangen-Schokoladenganache, Praline-Frosting, oder köstlichem selbstgemachten Lemon Curd. Schneide den Kuchen zum Füllen in mehrere waagrechte Schichten und fülle ihn. Lasse ihn im Kühlschrank fest werden, falls nötig. Denke bei der Auswahl der Füllung daran, dass Deine kleinen Kuchen das Gewicht des Rollfondants und der Dekoration tragen müssen, und bevorzuge deshalb dünne Schichten oder Füllungen, die fest werden **(B)**.

Kuchen einfrieren

Damit kannst Du nicht nur Deine Kuchen im Voraus backen, sondern auch füllen und leichter in Form schnitzen, ohne dass sie bröseln oder auseinanderbrechen. Einfrieren ist auch eine gute Möglichkeit, wenn Du nur ein oder zwei Minicakes gleichzeitig brauchst.

Einen Kuchen mit Frosting überziehen

Ein dünner Überzug aus Frosting ist traditionell auch die Unterlage für Rollfondant, wenn man einen Rührkuchen eindecken will. Durch das Frosting erhält man eine glatte Oberfläche und es versiegelt die Krümel.

1 Befestige den Minicake mit etwas Frosting auf einem Hardboard im gleichen Durchmesser wie der Kuchen.

2 Rühre Dein Frosting, bis es eine weiche streichfähige Konsistenz hat.

3 Überziehe den Kuchen mit Hilfe einer Winkelpalette mit einer dünnen Schicht Frosting. Fülle dabei alle Löcher, um eine glatte Unterlage für den Rollfondant zu erhalten.

Tipp
Direkt vorher aufgetragen wirkt Frosting als Klebstoff für den Rollfondant.

Einen Kuchen mit Ganache überziehen

Eine leckere Alternative zu Frosting, besonders für Schokoladenkuchen. Der große Vorteil von Ganache auf kleinen Kuchen ist, dass sie fest wird und dadurch den Kuchen zusätzliche Stabilität gibt. Sie lassen sich dann leichter mit Rollfondant eindecken. Der Nachteil ist, dass es etwas länger dauert, da die zwei Lagen Ganache zwischendurch fest werden müssen.

1 Stelle Ganache her und lasse sie fest (streichfähig) werden.

2 Rühre sie gut durch, bis sie glatt und streichfähig ist. Wenn sie zu fest ist, erwärme sie ein paar Sekunden in der Mikrowelle.

3 Befestige den Minicake mit etwas Ganache auf einem Hardboard im gleichen Durchmesser wie der Kuchen. Stelle ihn kurz in den Kühlschrank, damit die Ganache fest wird.

4 Überziehe mit Hilfe einer Winkelpalette Seiten und Oberseite grob mit einer dicken Schicht Ganache. Achte darauf, dass es keine Luftblasen gibt **(A)**. Entferne überschüssige Ganache mit einem Teigspatel oder Geo-Dreieck **(B)**, und verstreiche dabei die Ganache am oberen Rand auf der Oberseite. Stelle den Kuchen ein paar Minuten zum Festwerden in den Kühlschrank.

5 Trage eine zweite Schicht auf und achte darauf, dass sie perfekt glatt ist, die Seiten des Kuchens senkrecht stehen und die Oberseite waagrecht verläuft **(C)**. Stelle den Kuchen kalt.

6 Damit der Rollfondant auf der Ganache haftet, bestreichst Du den Kuchen einfach mit heißem Wasser, aromatisiertem Zuckersirup oder Piping Gel.

Tipp
Nimm für Kuchen mit hellem Rollfondant weiße Schokoladen-Ganache.

A

B

C

Einen Kuchen mit Marzipan eindecken

Kleine Früchtekuchen sollten mit Marzipan eingedeckt werden, bevor Du sie mit Rollfondant überziehst, als zusätzlicher Geschmacksträger, um die Feuchtigkeit im Kuchen zu halten und um den Rollfondant vor der Fruchtsäure zu schützen.

1 Decke das Board (*gleicher Durchmesser wie der Kuchen*) mit einer sehr dünnen Schicht Marzipan ein. Stelle den Kuchen kopfüber darauf, so dass der gerade Boden jetzt oben liegt **(A)**. Die Marzipanschicht schützt den Kuchen davor, direkt auf der Aluminiumfolie des Boards zu liegen, da die Fruchtsäure die Folie angreifen kann.

2 Knete das Marzipan kurz durch – nicht zu lange, sonst verändert es seine Konsistenz.

3 Bestreiche den Kuchen mit warmer Aprikosen-Glasur und fülle kleine Löcher mit Marzipan-Stückchen. Rolle das Marzipan zwischen Ausrollhölzern 5 mm dick aus – auf Puderzucker oder Pflanzenfett, damit es nicht an der Arbeitsfläche klebt. Drehe es beim Ausrollen, damit Du die passende Form erhältst, aber drehe es nicht um (= Unterseite nach oben).

4 Hebe das Marzipan mit dem Rollstab an und lege es über den Minicake **(B)**. Glätte die Oberseite mit einem Glätter und streiche das Marzipan dann an den Seiten mit einer gewölbten Handfläche in Aufwärtsbewegungen an die Form des Kuchens **(C)**. Drücke Falten in der Paste nicht nach unten, sondern öffne sie und streiche das Marzipan glatt aus.

5 Streiche die obere Kante mit der Handfläche und die Seiten mit dem Glätter glatt. Drücke den Glätter nach und nach in das überschüssige Marzipan am unteren Rand des Kuchens, und schneide diesen Überschuss dann sauber ab.

6 Wenn die Marzipanschicht unten am Kuchen dicker scheint als oben, dann rolle den Kuchen zwischen zwei Glättern mit geraden Kanten, um das Marzipan umzuverteilen und die Seiten zu begradigen.

7 Du solltest das Marzipan an einem warmen, trockenen Ort 24 – 48 Stunden trocknen lassen, bevor Du es dekorierst. Bestreiche das Marzipan kurz vor dem Eindecken mit klarem Alkohol (Gin oder Wodka), damit der Rollfondant darauf haftet.

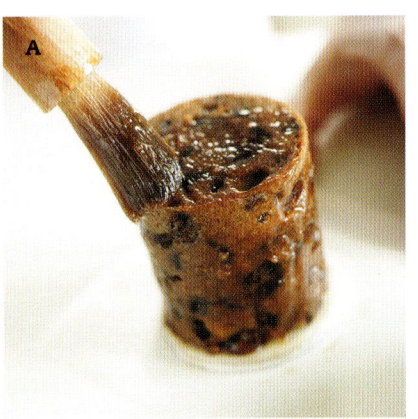
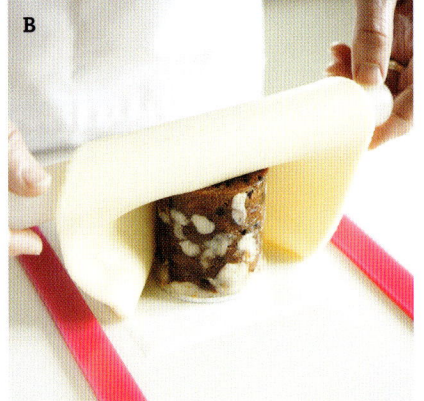
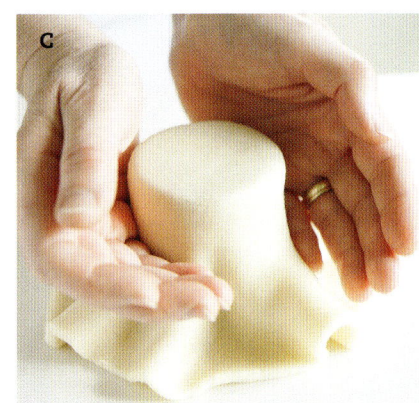

Größe des Minicakes	Mengen für Marzipan und Rollfondant in 5 mm Stärke		
	Ein Minicake	Zwei Minicakes	Jeder weitere Minicake
5 cm rund	90 g	150 g	+ 60 g
6,5 cm rund	175 g	275 g	+100 g
7,5 cm rund	300 g	450 g	+150 g
Paisley	85 g	150 g	+65 g
Strandhäuschen	330 g	500 g	+170 g
Taschenuhr	80 g	125 g	+45 g
Teddy aus der Box, Würfel in 6,5 cm	350 g	590 g	+240 g
Würfel 5 cm	130 g	205 g	+75 g
Babyflasche	220 g	360 g	+140 g
Baum	220 g	335 g	+115 g

Mengenangaben für Marzipan und Rollfondant

Schau in die Tabelle um abzuschätzen, wie viel Rollfondant oder Marzipan Du benötigst. Der erste Minicake braucht immer die meiste Menge, da Du die Überschüsse zum Eindecken weiterer Minicakes wiederverwenden kannst. Solltest Du aber sehen, dass Du die Reste nicht weiterverwenden kannst, benötigst Du größere Mengen!

Einen Kuchen mit Rollfondant eindecken

Sobald Du den Kuchen mit einer Schicht Frosting, Ganache oder Marzipan überzogen hast, kann er mit Rollfondant eingedeckt werden.

1 Knete den Rollfondant weich und elastisch. Streiche Deine Arbeitsfläche dünn mit Pflanzenfett ein (ist Puderzucker vorzuziehen) und rolle den Fondant darauf aus. Mit Pflanzenfett geht das sehr gut und Du hast nicht das Problem, dass der Puderzucker den Rollfondant trockener macht oder Spuren darauf hinterlässt. Rolle die Paste 5 mm dick aus, am besten zwischen Ausrollhölzern, denn sie sorgen für eine gleichmäßige Stärke.

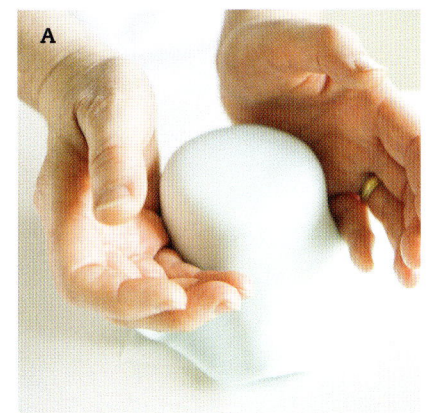

2 Hebe die Paste vorsichtig mit dem Rollstab hoch und lege sie über den Kuchen. Glätte die Oberseite des Kuchens und streiche Dellen und Blasen mit dem Glätter heraus. Glätte den oberen Rand mit Deinen Handflächen.

Tipp

Achte immer darauf, dass Deine Hände sauber und trocken sind und keine Kuchenkrümel anhaften, bevor Du den Fondant glatt streichst.

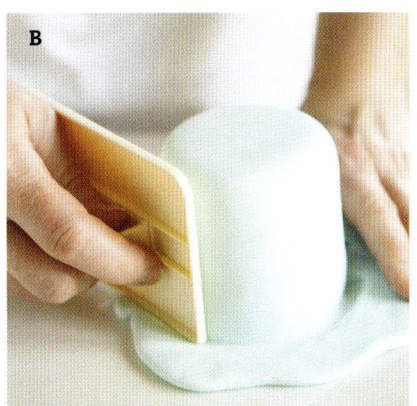

3 Streiche den Rollfondant dann an den Seiten mit einer gewölbten Handfläche in Aufwärtsbewegungen an die Form des Kuchens **(A)**. Drücke Falten in der Paste nicht nach unten, sondern öffne sie und streiche den Rollfondant glatt aus. Streiche die Seiten mit dem Glätter glatt.

4 Drücke die gerade Kante des Glätters am unteren Rand des Kuchens in die Paste und ziehe damit rund um den Kuchen eine Schnittlinie **(B)**. Schneide hier die überschüssige Paste mit einer Winkelpalette sauber ab.

5 Wenn die Marzipanschicht unten am Kuchen dicker scheint als oben, dann rolle den Kuchen zwischen zwei Glättern mit geraden Kanten, um das Marzipan umzuverteilen und die Seiten zu begradigen **(C)**.

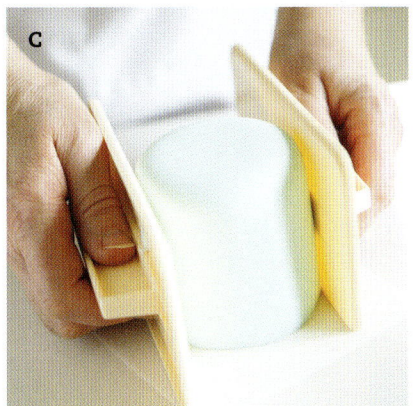

Tipp

Wenn Du unerwünschte Luftblasen unter dem Fondant entdeckst, stich mit dem Scriber schräg hinein und streiche die Luft heraus.

Lagerung

Verwahre Deine dekorierten Minicakes auf einem Cakeboard in einem
sauberen, geschlossenen Kuchenkar-
ton, und lagere sie kühl und trocken,
aber nie im Kühlschrank. Willst Du die
Minicakes transportieren, stelle sie
auf eine Anti-Rutschmatte, um sie vor
Verrutschen zu schützen.

*Folgende Einflüsse beeinträchtigen Deine
Minicakes:*

- *Sonnenlicht verändert die Farben und lässt sie
  ausbleichen, deshalb lagere die Kuchen immer
  dunkel.*
- *Feuchtigkeit kann eine verheerende Wirkung auf
  Dekorationen aus Modellierpaste haben. Die Paste
  wird weich und fällt zusammen, wenn sie freisteht.
  Dunkle Farben können in hellere verlaufen.*
- *Hitze kann die Überzüge zum Schmelzen bringen,
  besonders Frosting, und das Antrocknen von Rollfondant verhindern.*

Minicakes verpacken und verschenken

Diese fröhlichen kleinen Süßigkeiten eignen sich sehr gut zum Verschenken. Verpacke sie hübsch und adrett in kleinen
durchsichtigen Schachteln mit einer Geschenkschleife oder in Folie mit passenden Bändern.

Präsentiere Deine Minicakes bei Geburtstagen oder anderen Feiern einzeln auf alten Porzellantellern oder
ausgefallenen Tortenständern. Für größere Feiern kannst Du sie auch in Gruppen auf zierlichen Platten anordnen oder als
Alternative zur traditionellen Hochzeitstorte auf schicken mehrstöckigen Etageren zum Mittelpunkt eines Kuchenbuffets
machen.

Über die Autorin

Lindy Smith ist eine bekannte und hochgeschätzte Persönlichkeit der Branche, mit über 20 Jahren Erfahrung im Tortendesign. Lindy ist eine Künstlerin, die ihre Liebe zur Zuckerkunst gern mit anderen teilt und ihre Leser durch Bücher und Kurse inspirieren möchte. Sie hat bisher 13 Bücher veröffentlicht, zuletzt: **Lindys Color für Tortendesign**, das in 2014 die Auszeichnung "**Best Pastry Sweet Book in the UK** " von **International Gourmand Cookbook** erhielt. Ihr Bestseller "**Lindys kreative Tortenkunst**" wurde weltweit über 150.000 mal verkauft und in acht Sprachen gedruckt.

Ihre Kurse führen Lindy rund um die ganze Welt und geben ihr die Gelegenheit, zu unterrichten und zu inspirieren, aber auch fremde Traditionen und andere Formen der Tortendekoration kennenzulernen.

Dieses Wissen fließt wieder in ihre Arbeit ein. Sie ist schon oft im Fernsehen aufgetreten und hat eine Serie über Zuckerkunst auf **Good Food Live** präsentiert.

Lindy leitet die **Lindy's Cakes Ltd**, eine gutgehende Firma, die ihren Online-Shop, **www.lindyscakes.co.uk**, betreibt und ihre Workshops in England und weltweit organisiert. 2012 wurde Lindy der Titel "**Business Woman of the Year**" vom *Insight Magazine* verliehen. Katherine Benson, die Chefredakteurin, sagte: "*Lindy Smith ist eine bemerkenswerte Frau. Sie verfügt nicht nur über unglaubliche Fähigkeiten, um ihre eigenen Designs zu entwerfen, sondern sie hilft anderen, sich so weiterzuentwickeln, dass sie ebenfalls Torten herstellen können, die nicht nur gut schmecken, sondern auch gut aussehen. Lindy verfügt über ein umfangreiches Wissen und sie zeigt mit ihrer Website, den Büchern, Ausstechern, Schablonen und Kursen, dass eine gute Geschäftsfrau sich nicht nur selbst profilieren sollte, sondern auch andere.*"

Um immer neueste Informationen über Lindy zu erhalten, folge ihr auf Facebook oder Twitter. Backtipps und viele weitere Informationen findest Du auf ihrem Blog, zu erreichen über die Website: **www.lindyscakes.co.uk**

Danksagung

Ein Buch zu schreiben ist keine leichte Aufgabe, es nimmt sehr viel Zeit und Mühe in Anspruch. Das Thema für dieses spezielle Buch zu finden, war eine echte Herausforderung. Allerdings bin ich von dem Ergebnis begeistert, zu Beginn hätte ich mir nie vorstellen können, dass es so schön werden würde. Es sollte ein „schnelles Buch" werden, aber gleich nach dem Start nahmen mich meine Phantasie und Kreativität gefangen!

Ich möchte hier meinem wunderbaren Ehemann Graham für seine Unterstützung danken, besonders, weil wir während der Entstehung des Buches unseren Wohnort noch um 150 Meilen verlegt haben. Ich danke Jack Kirby von Bang Wallop für die hinreißenden Fotos – es war ein Vergnügen, mit Dir zu arbeiten, Jack. Wenn Du weitere tolle Fotos von Jack sehen möchtest, dann wirf einen Blick in mein preisgekröntes Buch „**Lindys Color für Tortendesign**". Ein riesiges Dankeschön geht an meine Tochter Charlotte, die mir bereitwillig kostbare Tage ihrer Osterferien opferte, um viele der schönen Fotohintergründe zu gestalten. Schließlich bedanke ich mich bei den Mitarbeitern des Verlags, die mir ganz viel künstlerischen Freiraum ließen, damit ich Ideen entwickeln und umsetzen konnte, um so die Kuchen für dieses zauberhafte Buch zu gestalten.

Lieferanten

Abkürzungen

DS - Designer Stencils
FI - First Impressions
FMM - FMM Sugarcraft
GI - Great Impressions
HP - Holly Products
JEM - JEM cutter cc
LC - Lindy's Cakes Ltd
PC - Patchwork cutters
PME - PME sugarcraft

Lindy's Cakes Ltd (LC)
Brandhill, Onibury, Craven Arms, Shropshire SY7 0PG
www.lindyscakes.co.uk
Hersteller von Ausstechern und Schablonen, sowie Online-Shop für Zubehör, das in diesem und anderen Büchern von Lindy Smith verwendet wird.

TORTEN-BOUTIQUE
www.torten-boutique.de
Claudia Iffert
Am Wiesengrund 1
40764 Langenfeld
Tel: 02173 - 106 77 48

CAKE COMPANY
www.cake-company.de
Jacobi Decor GmbH
Maarstraße 72
53842 Troisdorf-Spich
Tel: 02241 - 39 70 30

HOBBYBÄCKER
www.hobbybaecker.de
Hobbybäcker-Versand GmbH
Am Mühlholz 6
89287 Bellenberg
Tel: 07306 - 925 900

ZUCKER-ORCHIDEE
www.zucker-orchidee.de
Keplerstraße 31
73730 Esslingen
Tel: 0711 - 94 54 43 99

ZUCKERPAPIER24
www.zuckerpapier24.de
Geschwister-Scholl-Strasse 2
96106 Ebern
Tel: 09531 - 94 47 10

PATI-VERSAND
www.pati-versand.de
Siemensstr. 24
49770 Herzlake
Tel: 5962 - 779990

KD TORTEN GMBH
www.kdtorten.de
Colonnaden 3
20354 Hamburg
Tel: 040 - 357 151 17

ALB-TORTEN
www.alb-torten.de
Müllerwies 1
65232 Taunusstein-Neuhof
Tel: 06128 - 95 16 06

TORTENKRAM
www.torten-kram.de
Kirchstr. 10
53937 Schleiden
Tel: 02485 - 9550211

Hilfe & Unterstützung

http://tortentante.blogspot.de
Der große Tortenblog mit vielfältigen Anleitungen, Rezepten und wertvollen Tipps für Motivtorten von Monika Matzat.

www.torten-talk.de
Der beliebte Treffpunkt für Tipps, Infos und Ideen.

www.torten-design.de
Riesige Bildergalerie zur Inspiration für Motivtorten, Cupcakes, Cakepops und Keksen.

Index

Abmessungen 125
Aprikosenglasur 136
Ausstecher 92, 97

Baby Kuchen
    Flasche in Rosa 85
    Mit Liebe gefüllt 80 - 84
Backformen auslegen 126
Bäume
    Feuerwerk der Natur 101
    Glanz und Glitter 116 - 122
    kuschelige Weihnachten 123
    Trautes Heim 62
Blätter, Zucker 70, 114
Blumen, Zucker 70 - 71
Blütenpaste, Rezept 134
Bogenschnüre 67 - 78
Box mit Teddy 79
Buchstapel für Akademiker 55
Bunte Luftballons 93

Definition Minikuchen 7
Designs für Weihnachten 116 - 123
Designs für Halloween 101
Die Farben des Regenbogens 86 - 92
Drachen steigen lassen 63

Eisbär 81 - 84
Elegante Minicakes mit Zahnrädern 15
Erde 100
essbares Farbpulver 43, 47

Farben 50
Feuerwerk der Natur 101
Figuren modellieren 89 - 91
Flasche in Rosa 85
Florale Designs
    Ganz in Weiß 64 - 71
    gestickte Pfingstrose 39
    Glanz und Glitter 120
    Kuschelige Weihnachten 123
    Leidenschaft für Paisley 107
    weiße Chrysantheme 115
    zauberhafte Ringelblume 108 - 114
Frosting
    Kuchen überziehen mit 137
    Rezept 134
Früchtekuchen 129 - 130

Glanzvoller Abschluss 48-54
Ganache
    Kuchen überziehen mit 137
    Rezepte 135
Geschmacksvarianten 127
gestickte Pfingstrose 39
Gras 93, 100

Herzaufleger 71
Herzen 68, 92
Hochzeits-Minicakes
    Ganz in Weiß 64 - 71
    mit Herzaufleger 71
    Weiße Chrysantheme 115
Hundertwasser, Friedensreich 56, 58, 63

In Form schneiden 11

Kleine Strandhäuschen 16 - 23
Knöpfe, Zucker 45
Kuchen einfrieren 136
Kuchen füllen 136
Kuchen geradeschneiden 136
Kuchen schnitzen 19, 104, 119
Kuchen überziehen 137
Kuchen überziehen und eindecken 136 - 139
    Frosting 137
    Marzipan 137
    Rollfondant 138 - 139
    Schokoladenganache 137
Kuschelige Weihnachten 123

Lagerung 140
Lebensmittelkleber 136

Madeira Kuchen 127
Magischer Herbst 94 - 100
Maltechniken 12, 60, 98 -99
Marquise / Auge 106 - 107
Marzipan
    Kuchen eindecken mit 138
Minicakes-Designs vergrößern 7
Minikuchen backen 126 -132
Minikuchen präsentieren 140
Minikuchen verschenken 140
Mit Liebe gefüllt 80 -84
Modellierpaste
    einfärben 50
    Rezept 133

Nadelkissen 31
Nonpareil 71

Omas Garnrollen 24 - 30
Orangen-Mohn-Kuchen 131

Paisley, Leidenschaft für 102 - 107
Pastillage, Rezept 134
persische Blüten 45 - 46
Pfingstrose, gestickte 39
Pilz-Design 97 - 99
prägen 28, 34 -35, 123

Quasten, Zucker 54
Quilting 105 - 107

Rezepte 127 - 136
Ringelblume, zauberhafte 108 - 114
Rollfondant
    Kuchen eindecken mit 138 - 139
    Rezept 133
Rosen, Zucker 66, 68 - 70
Royal Icing
    Rezept 135
    spritzen 39, 122
Rund um die Shetland-Inseln 32 - 38
Rüschen, Zucker 44, 51 - 52

Saftiger Toffeekuchen 130
Sandburg 23
Schablonieren 28, 43, 47
Schleife, Zucker 78
Schneeflocken, Zucker 120
Schnörkel 121
Schokoladenganache
    Kuchen überziehen mit 137
    Rezept 135
Schokoladenkuchen 128
    vegan 132
spritzen 39, 122
Sterne, Zucker 54

Taschenuhr, zeitlos 8 - 14
Tauben, Zucker 120
Teddy aus der Box 72 - 78
Teddys Geschenkschachtel 79
Thema Kindheit
    besondere Ereignisse 45, 51, 58 -59, 67
    Designer Minikuchen 96, 104, 113, 119
    Kuchen für Kinder 74 - 75, 82, 91 - 92
    Vintage 11, 19 - 20, 34
Toffeekuchen, saftiger 130
Trautes Heim 56 - 62
Tropfen, Zucker 106 - 107
Tupfen spritzen 122

Veganer Schokoladenkuchen 132
Vergrößern der Minicake-Designs 7

Weiße Chrysantheme 115
Weiße Schokoladenganache 135
weißes Pflanzenfett 136
Windrad-Kuchen 47

Zubehör 124 - 125
Zuckerkleber 136
Zur Siegerehrung 40 - 47

A DAVID & CHARLES BOOK

© F&W Media International, Ltd 2014

Originaltitel der englischen Ausgabe: **Mini Cakes Academy**

Erstveröffentlichung in englischer Sprache durch DAVID & CHARLES in Großbritannien und USA, 2014

David & Charles ist eine Verlagsmarke der F&W Media International, LTD
Brunel House, Forde Close, Newton Abbot, TQ12 4PU, UK

F&W Media International, LTD ist eine Tochtergesellschaft der F+W Media, Inc.
10151 Carver Road, Suite #200, Blue Ash ,OH45242, USA

Text and Designs © Lindy Smith 2014
Layout and Photography © F&W Media International, Ltd 2014

Lindy Smith behält sich unter Berufung auf das UK Copyright, Designs and Patents Act von 1988 alle Rechte an diesem Buch als Autor vor

Deutsche Erstausgabe: cake & bake Verlagsgesellschaft mbH 2015

ISBN 978-3-9815358-6-0

1. Auflage 2015

Verantwortlich für die deutsche Übersetzung: Dipl.-Betriebswirtin Sibylle Koch
Lektorat: Martina Körver, Essen

Copyright der deutschen Texte © cake & bake Verlagsgesellschaft mbH

Verlagsanschrift:
cake & bake Verlagsgesellschaft mbH
Dorfstraße 1a
24326 Dersau
www.cakeandbake.company
mail@cakeandbake.company